Almanach du Berrichon

2012

Rédacteur en chef :
Gérard Bardon

Ont collaboré à la rédaction :
Jeanine Berducat
Maud Brunaud
Daniel Bernard
Guillaume Roche

EDITIONS CPE

Retrouvez la collection complète des Almanachs sur le site internet : www.cpe-editions.com

Aux Éditions CPE

Collection Langues et chansons de nos Grands-Pères

inclus le glossaire de Toullec

Langue et chansons de nos grands-pères en Basse Bretagne

par Thierry Jigourel

Mémoire du patrimoine oral...
Langues régionales, patois, parlage, parler...
chansons et monologues des terroirs de France.

Quoi de mieux pour sauver nos vieux parlages, nos vieux parleurs, nos vieux patois... ceux de nos ancêtres, que de faire un ouvrage regroupant ces trésors du verbe proprement dit mais aussi la présentation des poètes et chansonniers patoisants et leurs oeuvres les plus connues. Nous ne pourrons bien entendu être exhaustif tant la production de ces derniers fut importante et de qualité. Les traditions de nos terroirs se perdent et se diluent dans la mondialisation, les parlages, patois et autres langues régionales, les vieilles chansons aussi.
Sauvons un bout de notre patrimoine oral !

Ouvrage relié couverture intégrale quadri
Format 168 x 230
160 pages, impression 2 couleurs

inclus le glossaire de Troospeanet

Patois et chansons de nos grands-pères en Vendée

par Thierry Jigourel

NOUVEAUTES 2011

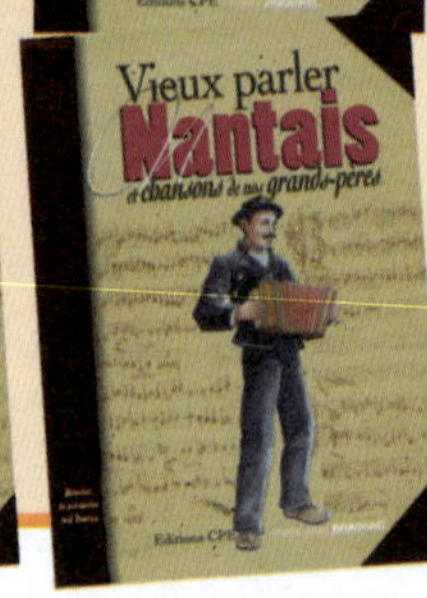

Sorties fin octobre

Langue de Lorraine • Patois et chansons de nos grands-pères dans les Charentes
Patois Arpitan et chansons de nos grands-pères Savoyard
Patois et chansons de nos grands-pères en Basse-Normandie, Manche, Calvados et les îles • Patois et chansons de nos grands-pères en Anjou
Parler et chansons de nos grands-pères dans les Ardennes

inclus le glossaire de patois du Comte JOUBERT

Patois et chansons de nos grands-pères en Berry

Sous la direction de Christophe Matho avec des auteurs régionaux

inclus le glossaire de patois de Maurice ROY

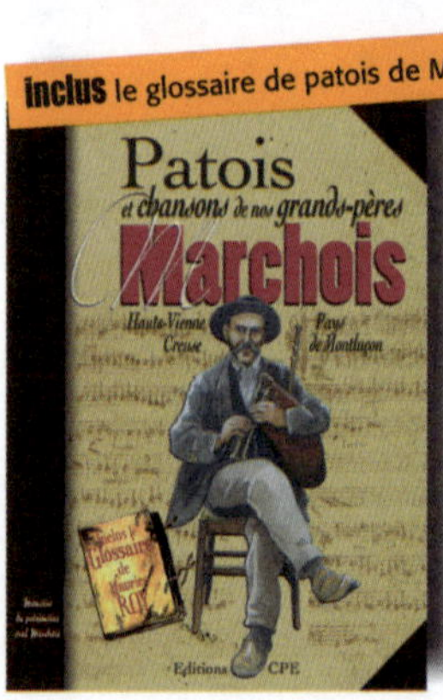

Patois et chansons de nos grands-pères Marchois

Sous la direction de Christophe Matho avec des auteurs régionaux

inclus le glossaire de patois du Docteur Dubois

Vieux parlages et chansons de nos grands-pères en Sologne

par Gérard Bardon

1 CD de chansons patoisantes OFFERT par les "Solognots de R'morantin"

bon de commande fin de votre almanach

20 ans !

L'Almanach des terroirs de France : Une tradition des Editions CPE

Lancé il y a 20 ans, en 1992, par Gérard Bardon et Alain Ossant, l'Almanach des terroirs de France est la collection phare des éditions CPE. Souvent copié et même plagié, l'Almanach des Terroirs de CPE reste le préféré des Français par le nombre d'exemplaires vendus et par la fidélité de ses lecteurs. Entretien avec Gérard Bardon sur les clefs d'un succès.

Gérard BARDON, vous êtes le rédacteur en chef des Almanachs des terroirs de France, comment est née cette publication qui fête cette année ses 20 ans ?

Nous avions créé en 1983, un gratuit d'informations « terroir » sur la Sologne en 1983 qui connaissait un grand succès. Nous avions accumulé en dix ans des écrits, des histoires, des anecdotes, une connaissance de ce terroir solognot. Nous avons alors décidé, Alain Ossant et moi, de lancer un almanach, genre qui avait à cette époque disparu : celui du Solognot. Succès immédiat !

C'est ainsi qu'a débuté la collection des Almanachs des terroirs de France, d'abord 5 sur la région Centre, puis 10, puis 20, pour arriver aujourd'hui à une couverture complète du territoire français (44 éditions).

Doit-on considérer que l'Almanach est un livre ou que c'est un périodique ?

C'est un périodique, annuel en l'occurrence, attendu par les lecteurs et développant un phénomène de collection.

A combien d'exemplaires sont tirés les almanachs ?

À 200 000 exemplaires chaque année. Sachant que le tirage n'est pas à ce score depuis le début, nous évaluons le nombre d'almanachs imprimés depuis 1992 à presque 3 millions d'exemplaires.

Combien de terroirs couvrez-vous et avez-vous des projets de nouveaux ?

Comme je vous le disais, nous couvrons toute la France depuis plusieurs années, mais nous pouvons gagner en précisions ; ainsi, l'an dernier, nous avons créé l'Almanach blaisois qui concerne un secteur de l'Orléanais. Cette année, nous lançons le Bourbonnais-Nivernais puisque nos lecteurs de la Nièvre nous rappellent souvent qu'ils ne sont pas bourguignons, tandis que ceux de l'Allier nous expliquent qu'ils ne sont pas auvergnats. Certains terroirs mériteraient sans doute une attention particulière comme par exemple le Perche ou la Bigorre. La difficulté est que tous les terroirs dotés d'une identité forte n'ont pas le volume de population suffisant pour faire vivre un titre de la collection. Nous comptons désormais 44 terroirs. Il faut ajouter l'Almanach gourmand qui ne s'occupe que de Rhône-Alpes pour le moment et l'Almanach du chasseur. Nous allons développer l'Almanach gourmand et peut-être penser à l'Almanach du pêcheur. J'en profite d'ailleurs pour lancer un appel aux rédacteurs. Nous trouvons souvent nos auteurs parmi nos lecteurs.

Durant ces 20 ans, vous avez été franchement plagiés, qu'est-ce qui fait que vos almanachs sont ceux qui durent ?

En tous domaines, c'est l'original qui prime. En 20 ans, nous avons vu beaucoup de monde essayer de nous plagier ou du moins de nous copier. Jusqu'à présent, à chaque fois ces concurrents ont abandonné. Ce qui a fait la différence jusque-là c'est que l'Almanach des terroirs de France est réalisé par des auteurs ancrés dans le terroir concerné qui le connaissent fort bien et qui l'aiment. Des textes du cru, originaux, et non des copies de vieilles légendes, de vieux récits, sont un gage d'authenticité, de proximité. Seulement, cela a un prix. Si vous faites un almanach d'auteurs, il faut payer les auteurs.

Lorsque vous proposez les mêmes textes dans tous les almanachs et que vous changez juste des cartes postales d'une région à l'autre, vous ne dupez pas les lecteurs bien longtemps. La seule concurrence qui perdure, c'est celle qui est amenée par de petits éditeurs régionaux qui font un almanach sur leur seule région. Ceux-là font des produits de qualité qui dureront.

On note la présence de quelques publicités cette année, ce n'est pas un gage de qualité ?

Notez bien qu'il y en a peu. Pour tout vous dire c'est notre réponse pour continuer à imprimer en France. Souvent nos concurrents nationaux impriment en Chine ou en Espagne parce que la main d'œuvre est moins chère.

Pour notre part nous estimons inacceptable de vanter les produits du terroir et l'authenticité tout en profitant d'une mondialisation qui ne respecte ni les hommes, ni les régions. Nous imprimons en France, même si c'est plus cher. Nous avons d'ailleurs créé le label « imprimé en France, nos terroirs ont besoin de nos emplois ». Pour compenser la perte vis-à-vis de la concurrence, nous avons ouvert quelques pages à la publicité.

Votre public est âgé, quel est l'avenir de l'Almanach?

À 65 ans, je ne crains plus de vous signaler qu'il y aura toujours des vieux… Plus sérieusement, nous avons constaté un rajeunissement spontané de notre lectorat. Les trentenaires s'intéressent en masse à notre parution. Les jeunes portent un regard attentif aux traditions, au folklore, au patois de leurs grands-parents, à toutes ces traditions qui ne leur ont pas été transmises.

Notre souhait est de poursuivre encore longtemps l'édition de cette collection chaque année dans sa forme actuelle. Mais nous travaillons déjà les nouveaux supports pour ne pas rater, dans quelques années, la révolution du numérique. Ce n'est pas parce que nous entretenons nos traditions que nous devons être passéistes et rejeter le progrès. Nous voulons au contraire partir à la conquête des nouveaux supports pour entretenir la mémoire de notre patrimoine folklorique, linguistique ou simplement « rural ».

2012

Janvier	Février	Mars	Avril	Mai	Juin
1 D JOUR del'AN	1 M Ella	1 J Aubin	1 D Hugues	1 M F. du travail	1 V Justin
2 L Basile	2 J Présentation	2 V Charles le B.	2 L Sandrine	2 M Boris	2 S Blandine
3 M Geneviève	3 V Blaise	3 S Guénolé	3 M Richard	3 J Phil., Jacq.	3 D F. des Mères
4 M Odilon	4 S Véronique	4 D Casimir	4 M Isidore	4 V Sylvain	4 L Clotilde
5 J Edouard	5 D Mardi-Gras	5 L Olive	5 J Irène	5 S Judith	5 M Igor
6 V Epiphanie	6 L Cendres	6 M Colette	6 V Marcellin	6 D Prudence	6 M Norbert
7 S Raymond	7 M Eugénie	7 M Félicité	7 S J.-B. de la S.	7 L Gisèle	7 J Gilbert
8 D Lucien	8 M Jacqueline	8 J Jean de Dieu	8 D Pâques	8 M VICTOIRE 45	8 V Médard
9 L Alix	9 J Appoline	9 V Françoise	9 L L. de Pâques	9 M Pacôme	9 S Diane
10 M Guillaume	10 V Arnaud	10 S Vivien	10 M Fulbert	10 J Solange	10 D Landry
11 M Paulin	11 S N.-D. Lourdes	11 D Rosine	11 M Stanislas	11 V Estelle	11 L Barnabé
12 J Tatiana	12 D Félix	12 L Justine	12 J Jules	12 S Jean.-d'Arc	12 M Guy
13 V Yvette	13 L Béatrice	13 M Rodrigue	13 V Ida	13 D Rolande	13 M Antoine de P.
14 S Nina	14 M Valentin	14 M Mathilde	14 S Maxime	14 L Matthias	14 J Elisée
15 D Rémi	15 M Claude	15 J Louise	15 D Paterne	15 M Denise	15 V Germaine
16 L Marcel	16 J Julienne	16 V Rameaux	16 L Benoît-J.	16 M Honoré	16 S J.-Fr. Régis
17 M Roseline	17 V Alexis	17 S Patrice	17 M Anicet	17 J ASCENSION	17 D F. des Pères
18 M Prisca	18 S Bernadette	18 D Cyrille	18 M Parfait	18 V Eric	18 L Léonce
19 J Marius	19 D Gabin	19 L Joseph	19 J Emma	19 S Yves	19 M Romuald
20 V Sébastien	20 L Aimée	20 M PRINTEMPS	20 V Odette	20 D Bernardin	20 M Silvère
21 S Agnès	21 M P. Damien	21 M Vendredi St	21 S Anselme	21 L Constantin	21 J ETE
22 D Vincent	22 M Isabelle	22 J Léa	22 D Alexandre	22 M Emile	22 V Alban
23 L Barnard	23 J Lazare	23 V Victorien	23 L Georges	23 M Didier	23 S Audrey
24 M Fr. de Sales	24 V Modeste	24 S Cath. de Suede	24 M Fidèle	24 J Donatien	24 D Jean-Bapt.
25 M Conv. S. Paul	25 S Roméo	25 D Annonciation	25 M Marc	25 V Sophie	25 L Prosper
26 J Paul	26 D Nestor	26 L Larissa	26 J Alida	26 S Bérenger	26 M Anthelme
27 V Angèle	27 L Honorine	27 M Habib	27 V Zita	27 D PENTECOTE	27 M Fernand
28 S Th. d'Aquin	28 M Romain	28 M Gontran	28 S Jour du Souv.	28 L Germain	28 J Irénée
29 D Gildas	29 M Auguste	29 J Gwladys	29 D Cath. de Si.	29 M Aymar	29 V Pierre, Paul
30 L Martine		30 V Amédée	30 L Robert	30 M Ferdinand	30 S Martial
31 M Marcelle		31 S Benjamin		31 J Visitation	

Juillet	Août	Septembre	Octobre	Novembre	Décembre
1 D Thierry	1 M Alphonse	1 S Gilles	1 L Thér. de l'E.	1 J TOUSSAINT	1 S Florence
2 L Martinien	2 J Julien-Eym.	2 D Ingrid	2 M Léger	2 V Défunt	2 D Viviane
3 M Thomas	3 V Lydie	3 L Grégoire	3 M Gérard	3 S Hubert	3 L Xavier
4 M Florent	4 S J.-M. Vianney	4 M Rosalie	4 J Fr. d'Assise	4 D Charles	4 M Barbara
5 J Antoine	5 D Abel	5 M Raïssa	5 V Fleur	5 L Sylvie	5 M Gérald
6 V Mariette	6 L Transfiguration	6 J Bertrand	6 S Bruno	6 M Bertille	6 J Nicolas
7 S Raoul	7 M Gaétan	7 V Reine	7 D Serge	7 M Carine	7 V Ambroise
8 D Thibault	8 M Dominique	8 S Nativité N.-D.	8 L Pélagie	8 J Geoffroy	8 S Im. Concept.
9 L Amandine	9 J Amour	9 D Alain	9 M Denis	9 V Théodore	9 D Pierre Fourier
10 M Ulrich	10 V Laurent	10 L Inès	10 M Ghislain	10 S Léon	10 L Romaric
11 M Benoît	11 S Claire	11 M Adelphe	11 J Firmin	11 D ARMISTICE 18	11 M Daniel
12 J Olivier	12 D Clarisse	12 M Apollinaire	12 V Wilfried	12 L Christian	12 M Jean. Fr.-Ch.
13 V Henri, Joël	13 L Hippolyte	13 J Aimé	13 S Géraud	13 M Brice	13 J Lucie
14 S FÊTE NAT.	14 M Evrard	14 V La Ste Croix	14 D Juste	14 M Sidoine	14 V Odile
15 D Donald	15 M ASSOMPTION	15 S Roland	15 L Thér. d'Avila	15 J Albert	15 S Ninon
16 L N-D Mt-Carmel	16 J Armel	16 D Edith	16 M Edwige	16 V Marguerite	16 D Alice
17 M Charlotte	17 V Hyacinthe	17 L Renaud	17 M Baudoin	17 S Elisabeth	17 L Gaël
18 M Frédéric	18 S Hélène	18 M Nadège	18 J Luc	18 D Aude	18 M Gatien
19 J Arsène	19 D Jean-Eudes	19 M Emilie	19 V René	19 L Tanguy	19 M Urbain
20 V Marina	20 L Bernard	20 J Davy	20 S Adeline	20 M Edmond	20 J Abraham
21 S Victor	21 M Christophe	21 V Matthieu	21 D Céline	21 M Prés. Marie	21 V Pierre C.
22 D Marie-Mad.	22 M Fabrice	22 S Maurice	22 L Elodie	22 J Cécile	22 S HIVER
23 L Brigitte	23 J Rose de L.	23 D AUTOMNE	23 M Jean de C.	23 V Christ Roi	23 D Armand
24 M Christine	24 V Barthélemy	24 L Thècle	24 M Florentin	24 S Flora	24 L Adèle
25 M Jacques	25 S Louis	25 M Hermann	25 J Crépin	25 D Cath. L.	25 M NOËL
26 J Anne, Joach.	26 D Natacha	26 M Côme, Dam.	26 V Dimitri	26 L Delphine	26 M Etienne
27 V Nathalie	27 L Monique	27 J Vinc. de P.	27 S Emeline	27 M Séverin	27 J Jean
28 S Samson	28 M Augustin	28 V Venceslas	28 D Simon, Jude	28 M Jacq. de la M.	28 V Innocents
29 D Marthe	29 M Sabine	29 S Michel	29 L Narcisse	29 J Saturnin	29 S David
30 L Juliette	30 J Fiacre	30 D Jérôme	30 M Bienvenue	30 V Avent	30 D Roger
31 M Ignace de L.	31 V Aristide		31 M Quentin		31 L Sylvestre

2012

le Sommaire

Michel Janvier, le père de Rantanplan vit entre Marche et Berry

Michel Janvier a signé de nombreuses BD vendues dans le monde entier dont les célèbres albums de Rantanplan. Ce creusois habite Fresselines et continue sa carrière fulgurante tout en vivant sa passion de photographe qui alimente des expositions qui sillonnent la France.

Rien ne prédisposait le jeune Michel Janvier à devenir illustrateur. Pourtant, depuis 33 ans il a réalisé des milliers de dessins pour les plus grandes maisons d'éditions : Larousse, Nathan, les Deux coqs d'Or, Dargaud… Spécialiste de dessins documentaires, il est venu à la BD en 1984 et il ne l'a plus quittée. Portrait d'un passionné :

Illustrateur des guides Michelin :

Le gamin naît en 1954 en région parisienne où ses parents sont fonctionnaires : Meaux, Fontainebleau, Corbeilles au fil des nominations. Mais son bol d'air se situe en Creuse où vivent ses grands-parents, à Saint Etienne de Fursac où il passe ses vacances. « Mes ancêtres sont creusois depuis plusieurs générations. » Michel fait des études classiques et entre en génie mécanique à Orléans. Il aime la musique, la photo qu'il pratique depuis l'âge de 8 ans, mais ne sait pas trop ce qu'il fera plus tard. « A Saint Etienne de Fursac, vivait un monsieur, René Chaboullet qui était illustrateur chez Michelin. Il dessinait des monuments et son coup de crayon me fascinait. J'allais le voir pendant les vacances et il m'a appris la technique du dessin à la plume. » Une nouvelle passion était née. Mais sonne l'heure du service militaire de 1976 à 1977 et Michel Janvier se retrouve libéré, mais sans emploi. De retour en Creuse, il apprend le décès de son ami René Chaboullet. Aussitôt l'idée lui vient de proposer sa candidature à Michelin. « Je connaissais parfaitement le travail de René et j'ai envoyé plusieurs dessins qui ont été retenus. Je venais de faire un grand pas, j'étais devenu illustrateur professionnel. »

De 1977 jusqu'en 1998, Michel Janvier va illustrer les guides Michelin, d'abord en noir et blanc, puis en couleur. Des dessins précis, des reproductions d'après photos qui réinterprètent et synthétisent. En 1990 dans le guide incluant le Berry, il dessine les oiseaux de Brenne.

Devenu spécialiste du dessin documentaire, il propose ses services à d'autres éditeurs. « Les guides Michelin étaient une excellente carte de visite et je n'ai pas peiné à obtenir des commandes pour des livres scolaires ou des ouvrages documentaires chez Larousse, Nathan, Sélection du reader'digest…

Vers la Bande Dessinée :

Le milieu des années 80 voit exploser les séries de dessins animés dont les héros sont repris par les éditeurs pour créer des livres pour enfants très prisés. « C'est ainsi que les Deux Coqs d'Or m'ont demandé de dessiner Maya l'abeille, des héros de Disney ou Tom et Jerry. Ce fut en quelque sorte ma première approche de personnages fictifs, en mouvement. »

C'est alors que les éditions Dargaud, forts du succès de Lucky Luke lui proposent de travailler sur l'univers de Lucky Luke et Rantanplan. « Je travaillai sur les dérivés : emballages de jouets, images…Et tout naturellement on m'a demandé de collaborer à la réalisation d'un album de Lucky Luke. J'ai rencontré Morris, l'auteur illustrateur de Lucky Luke. Avec lui j'ai appris les astuces, la notion de cadrage. Je l'ai imité et j'ai essayé de comprendre. Lui, il travaillait d'instinct. On s'est bien entendu. »

Et c'est ainsi qu'est sorti « Le ranch maudit », de nouvelles aventures de Lucky Luke signées Morris et Janvier en 1986.

Dargaud décide de lancer une série de BD avec comme personnage principal Rantanplan, le célèbre chien de Lucky Luke. Michel Janvier est retenu et il publiera 12 albums sur Rantanplan avec les scénaristes Xavier Fauche et Jacques Léturgie. « Au début on produisait des histoires courtes, sortes de gags parus dans la presse. Ces histoires ont été regroupées dans des albums . Puis j'ai tenté l'aventure des histoires longues comme « la mascotte » ou « Le parrain. »

Aussitôt Rantanplan remporte un gros succès, il est traduit en plusieurs langues. Michel a appris une nouvelle technique et trouvé sa voie, il est entré en BD comme d'autres entrent en religion.

Les musicos, des hard rockers :

Lorqu'on attrape un virus, il ne vous lâche pas facilement. Après Rantanplan, Michel Janvier a eu envie de créer sa propre BD . « En 2000, les musicos sont nés, inspirés de mes trois enfants qui faisaient de la musique avec leurs copains. » Aussitôt intéressées, les Editions Bamboo situées à Mâcon vont publier successivement 7 albums des aventures de ces musiciens. Des albums traduits en Chine, Turquie ou Grèce.

Parallèlement, fort de sa longue expérience de dessins documentaires, Michel est sollicité par Adonis en 2008 pour mettre des romans classiques en BD ; Avec Daniel Bardet comme scénariste il réalise madame Bovary. Un travail bien léché avec des dessins peaufinés. Puis ce sont les éditions Glénat qui le dirigent vers une bande dessinée policière « Docteur Monge »

Pour réaliser une BD, il faut une année de travail. « Je suis comme un diésel, je démarre lentement, je dois m'imprégner des personnages, puis je mets les bouchées doubles et je travaille une partie de la nuit ou sur des journées de 15 heures. Le travail de trait se fait à l'encre de chine. Maintenant c'est moi qui colorise les dessins sur ordinateur » Pour travailler au plus près du sujet, il faut une documentation photographique et un modèle. Yolaine Vallet a beaucoup posé pour la réalisation de madame Bovary. « J'avais besoin d'observer des poses, une façon de mettre ses mains. La présence d'un modèle permet de coller à la réalité. »

De la musique et des expos photos :

Après une enfance parisienne, Michel Janvier est resté fidèle à ses racines limousines. Il a vécu à la Souterraine, Limoges, Bessines et depuis 2009 il a acheté une maison à la Charpagne commune de Fresselines où il coule des jours heureux. « Les moyens modernes me permettent de rester en relation avec mes éditeurs sans me déplacer. Le calme de la campagne me sied parfaitement. » Pourtant Michel Janvier est un amateur de musique, celle qui fait beaucoup de bruit. Depuis les années 80 il fréquente spectacles et concerts qu'il photographie car la photo est une passion qu'il pratique depuis l'enfance « C'est complémentaire avec le dessin, on enferme les images ». En 1989 il obtient un troisième prix à un concours Nikon (48000 participants) et poursuit ses prises de vue pour le simple plaisir. En 1991, il découvre une exposition de Willy Ronis à St Benoit du Sault et est séduit par le talent de ce photographe avec qui il correspond. En 1992, il le rencontre à Argenton. « Ce fut un moment délicieux qui m'a permis de soumettre mon travail à son œil et d'emmagasiner de précieux conseils. Malheureusement, il est décédé il y a un an. »

Aujourd'hui, Michel Janvier possède une belle collection de photos d'artistes en concert et il les expose dans toute la France. Maintenant certaines photos sont publiées par l'éditeur Camion blanc, spécialiste des livres sur le Rock français.

Avec 33 ans de dessins à son actif et des milliers de photos, Michel Janvier est un homme comblé « C'est un métier fantastique qui génère beaucoup de rencontres fort intéressantes, et chaque rencontre est une nouvelle évolution, l'opportunité de démarrer une nouvelle aventure. »

Jeanine Berducat

bricolage

Réparer une assise de chaise

L'assise d'une de vos chaises s'est cassée ou détériorée, rien de plus facile pour la restaurer. Avec un peu de travail et très peu de matériel vous pouvez aisément les réparer. Cette astuce permet de prolonger le temps de vie de vos chaises mais aussi de leur changer de look.

Les outils et les matériaux qu'il vous faut pour effectuer cette restauration :
1 scie sauteuse, du contreplaqué pour l'assise, de la mousse pour le moelleux, du tissus ou de la toile cirée, une agrafeuse, des ciseaux et un cutter.

Commencez par démonter l'ancienne assise de vos chaises, ensuite nettoyez consciencieusement les montants et les pieds.

Préparez la nouvelle assise, pour cela prenez les mesures de la grandeur et la forme que vous désirez, puis reportez-les sur votre plaque de contreplaqué.
Ensuite découpez cette même plaque en suivant le tracé avec une scie sauteuse.

Prenez votre bloc de mousse, avec votre cutter découpez-le juste de la grandeur de votre assise. Découpez au ciseau le tissu ou votre toile cirée plus grande que votre assise, prévoyez 5 cm de chaque côté. Placez la mousse sur l'assise, recouvrez avec le tissu ou la toile cirée et retournez le tout.
Tendez au maximum sur les rebords du tissu afin que la tension écrase le plus possible la mousse. Avec votre agrafeuse, fixez le tissu directement sur la plaque de l'assise, n'hésitez pas à mettre un nombre d'agrafes assez important. Il ne vous reste plus qu'à fixer l'assise sur la structure de votre chaise de même façon que l'ancienne était fixée, soit vissée, cloutée ou collée.

Janvier côté jardin

Travaux divers

Profitons du gel et du froid pour réviser notre matériel de jardin et nettoyer les outils. Vérifions les sécateurs, l'aiguisage et l'entretien de la tondeuse, que tout soit en ordre de marche pour les beaux jours à venir. Effectuons quelques labours de défoncement. Arrachons les derniers arbres morts, incorporons dans le trou un désinfectaant pour éviter les champignons parasites.

Potager

Semis sur couches : carotte courte hâtive (mars-avril), chicorée frisée fine d'été, chou-fleur tendre et demi-dur (juin-juillet), laitue romaine (mars-avril), poireau géant, radis rond, tomate précoce des Halles (juin-juillet).
Semis en pleine terre : on peut planter vers la fin du mois fèves d'Alicante (juin-juillet), oignon de Vaugirard et de Mulhouse. Semer le persil commun ou frisé (mai), pois Prince Albert express.

Verger

N'hésitez pas à enlever les racines pourries surtout si elles sont attaquées par des champignons. Pensez aux labours de printemps. Préparez des trous de plantations pour les arbres fruitiers. Le long des murs exposés au nord plantez poiriers, pommiers, cerisiers et groseillers. Au sud on plantera les pêchers et les vignes.

Fleurs

Ce mois-ci, ce sont les fleurs d'appartement qui nous occupent. Les cyclamens sont des plantes de terre de bruyère aimant l'ombre et l'eau non calcaire. Maintenir la température entre 10 et 12). Les pièces d'intérieur sont souvent trop chauffées pour cette plante. Pulvérisons les feuilles des azalées.

Le jeu du mois de janvier

Solution page 128

DANS CHAQUE RANGÉE DE LA GRILLE DE GAUCHE PLACEZ LE NOM D'UN DÉPARTEMENT FRANÇAIS. MAIS IL NE SERA ACCEPTÉ QUE SI DANS L'AUTRE GRILLE VOUS INSCRIVEZ UN PRÉNOM COURANT.

1	M	A			H	
2		i	E		R	
3		A	N			L
4	S				i	E
5				i	E	R
6	A	R	i			
7	L		Z			E
8	C			U		E

1	M	A			H	
2		i	E		R	
3		A	N			L
4	S				i	E
5				i	E	R
6	A	R	i			
7	L		Z			E
8	C			U		E

Janvier

2012

dictons / proverbes

**Janvier est si joli mois
Qu'avec grives et mésanges
Nous tirerons les rois.**

Capricorne du **22** décembre au **20** janvier

Verseau du **21** janvier au **19** février

A l'année de dix mois composée par Romulus, Numa Pompilus ajouta les mois de janvier et de février. Les calendes de janvier tirent leur nom du dieu Janus, dont les deux visages regardaient l'année qui venait de finir et celle où l'on entrait. L'usage des souhaits d'étrennes viendrait des Romains. Tatius, roi des Sabins, et qui régnait dans Rome conjointement avec Romulus, considéra comme un bon augure le présent qu'on lui fit le premier jour de l'an de quelques branches coupées dans un bois consacré à Strenia. Il autorisa la coutume des présents faits à cette époque, et leur donna le nom de *streniae.*

*Les esprits d'élite discutent des idées,
les esprits moyens discutent des événements,
les esprits médiocres discutent des personnes.*
[Jules Romains]

Les rois mages

Les trois rois mages : Gaspard, Melchior et Balthazar, étaient en fait des savants venus de l'Est, spécialistes des cieux, qui suivaient l'étoile conformément à la prophétie annonçant le Messie, futur roi des Juifs, selon les écritures : " Et toi, Bethléem, du pays de Judée, tu n'es certainement pas la moins importante des localités de Judée ; car c'est de toi que viendra un chef qui conduira mon peuple, Israël ". Ils se laissèrent guider par cette étoile car ils voulaient honorer l'enfant. Lorsqu'ils furent à Jérusalem, le roi Hérode, inquiet pour son trône, les convia secrètement et leur confia le soin de lui faire savoir où se trouvait le nouveau-né, pour aller aussi l'adorer. Confiants et conscients que cet événement devait bouleverser les hommes, les mages acquiescèrent.

L'étoile suivie par les mages s'arrêta au-dessus de Béthléem où ils découvrirent la sainte famille et l'enfant Jésus qu'ils adorèrent avec un grand sentiment de joie et d'amour, lui offrant des présents symboliques comme l'or, la myrrhe et l'encens.

La nuit venue, tandis que les trois mages se reposaient, Dieu leur apparut en songe pour les avertir de ne pas se rendre auprès d'Hérode qui voulait faire périr le nouveau-né, mais de rentrer directement chez eux par un autre chemin. Un ange avertit Joseph de fuir en Egypte avec Marie et l'Enfant pour échapper au courroux d'Hérode qui, en apprenant la trahison des mages, devint fou de colère et ordonna de tuer tous les garçons en-dessous de deux ans, réalisant ainsi la prophétie de Jérémie : " On a entendu une plainte à Rama, des pleurs et de grandes lamentations. C'est Rachel qui pleure ses enfants, elle ne veut pas être consolée, car ils sont morts. "

Janvier

Notes

Dimanche 1er Janvier
JOUR DE L'AN

Matin

Après-midi

Le calendrier

Depuis toujours, le nouvel an, symbole d'espoir et de recommencement fut célébré dans la joie. Les coutumes ont évolué mais on retrouve les cartes de vœux, le réveillon, les étrennes, la branche de gui et bien sûr un nouveau calendrier.

Les premiers calendriers remontent à l'époque des Egyptiens qui s'étaient aperçu que l'année durait 365,25 jours. Ils créèrent des calendriers avec 12 mois de 30 jours suivis de 5 jours. Les Romains commençaient l'année le premier avril et vénéraient Janus, Dieu aux deux visages dont l'un regardait l'année écoulée et l'autre l'avenir.

Les druides Gaulois coupaient du gui avec leur serpe d'or pour fêter le nouvel an. C'est sans doute de là que nous vient la coutume de s'embrasser sous le gui. L'année commençait la sixième nuit de la lune du solstice d'hiver. Ensuite on a fêté l'année nouvelle à Noël et même au premier mars dans certaines provinces. Il faut attendre 1582 pour que le premier jour de l'année soit fixé au premier janvier par le pape Grégoire 3, fondateur du calendrier grégorien avec ses années bissextiles tous les quatre ans.

Seule la Révolution de 1789 interrompit momentanément cet usage en instaurant le calendrier républicain qui débutait le 22 septembre. Chaque jour de l'année avait un nom propre, les noms des saints du calendrier grégorien ayant été remplacés par des noms de fruits, de légumes, d'animaux, d'instruments, etc. Les six jours supplémentaires de fin d'année, parfois appelés sans-culottides ou sanculotides. On ne fonctionnait plus en semaines mais en décades.

Ce calendrier grégorien établi, il fut représenté sur un document. Les cycles de la lune semblaient très importants à nos ancêtres qui en tenaient compte pour leurs cultures. Ce cycle qui comprend quatre phases de sept jours correspond aux semaines. Au 19 ème siècle, les almanachs vendus par les colporteurs apportaient une foule de renseignements, tout en apportant noir sur blanc le rythme des semaines et des fêtes religieuses. Ils indiquaient les mouvements de lunes, donnaient des conseils de jardinage, informaient des dates de foires et marchés. A la fin du dix neuvième chacun peut acheter son calendrier. On vend également des cartes de soie, des cartes brodées pour envoyer les vœux. Aujourd'hui le téléphone ou internet ont supplanté les cartes papier. Pourtant ces cartes au charme désuet avaient le mérite de se lire, de se relire, de se palper, laissant un souvenir.

Dans la même période on crée le calendrier des PTT qui devient vite incontournable dans chaque famille. Agrémenté d'une belle image, il apporte des renseignements divers et chacun se fait un devoir de donner la pièce au facteur. Peu à peu la publicité a diffusé largement des calendriers en tout genre : petits dépliants pour le sac, carnets agenda, calendriers à effeuiller, il n'y a que l'embarras du choix.

Jeanine Berducat

Trucs et astuces de Mémé

Economiser les bougies :

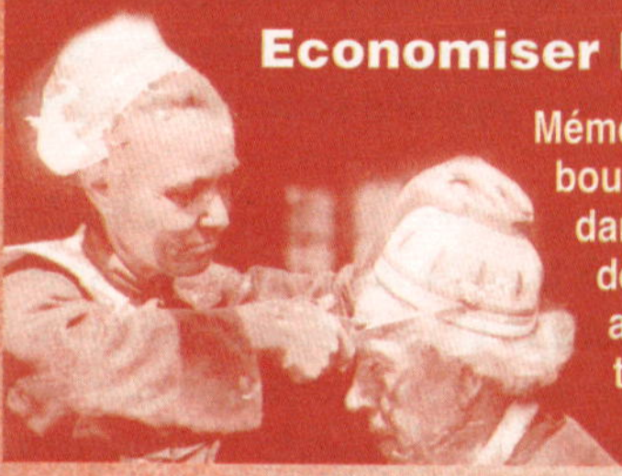

Mémé avait un truc pour économiser ses bougies, elle les faisait tremper une nuit dans de l'eau salée ou autre truc, ou elle déposait un peu de sel fin dans le creux autour de la mèche, ça marchait aussi très bien.

Le Poirat de Solange

Pour 6 personnes

5 à 6 poires « curé »
Une cuillère à soupe d'eau de vie ou rhum (selon votre goût)
3 cuillères à soupe de sucre
3 à 4 grosses cuillères à soupe de crème fraîche
Un jaune d'œuf pour la déco

Pour la pâte brisée :
250 gr de farine
125 gr de beurre
1 œuf
½ verre d'eau
Une pincée de sel

Une heure avant.

Les poires « curé » sont des poires à cuire. Aigres, elles poussent sur un arbre fertile. Vous les reconnaitrez facilement car elles sont parcourues de haut en bas par une ligne fauve. Epluchez-les puis coupez-les en quartiers assez fins.

Laissez-les tremper dans un mélange d'eau de vie ou de rhum, de sucre et de crème. Il faut qu'elles s'en imprègnent jusqu'à en être gorgées.

Préparez la pâte brisée. Versez la farine dans un cul de poule et mélangez avec le beurre fondu (au bain-marie de préférence). Ajoutez l'œuf et le sel. Formez un puits et versez-y l'eau. Pétrissez jusqu'à l'obtention d'une pâte homogène que vous laisserez reposer.

Etalez votre pâte et donnez-lui la forme d'un grand rectangle comme si vous vouliez réaliser un pâté berrichon. Sur une moitié du rectangle, disposez les quartiers de poires les uns après les autres. Versez dessus un peu du mélange eau de vie+crème+sucre.

Rabattez l'autre moitié du rectangle sur celui avec les poires et bordez.

Si vous avez l'âme d'un artiste, dessinez des formes avec un couteau pointu sur la pâte sans la percer bien entendu. Dorez avec un jaune d'œuf.

Enfournez pour 30 minutes environ à 180° puis surveillez. La tourte doit être dorée. Déguster de préférence chaud afin de recueillir tous les parfums et toutes les saveurs de ce dessert berrichon par excellence. N'y ajoutez rien (surtout pas une boule de glace vanille), ce serait sacrilège !

Variation : lorsque le poirat est cuit, vous pouvez faire une cheminée sur le dessus et y verser le mélange eau de vie+sucre+crème.

Le saviez-vous ?

La grande guerre

40 000 mobilisés dans l'Indre et 12 000 soldats morts pour la France dans notre département. Des chiffres terrifiants qui expliquent les longues listes de noms inscrits sur les monuments aux morts de chaque commune. On dénombre 1,4 millions de morts en France, 300 000 mutilés, 1 million d'invalides, 600 000 veuves et 700 000 orphelins.

Janvier 2012

Lundi 2 Janvier
ST BASILE
Matin
Après-midi

Mardi 3 Janvier
STE GENEVIÈVE
Matin
Après-midi

Mercredi 4 Janvier
ST ODILON
Matin
Après-midi

Jeudi 5 Janvier
ST EDOUARD
Matin
Après-midi

Vendredi 6 Janvier
STE MÈLAINE
Matin
Après-midi

Samedi 7 Janvier
ST RAYMOND
Matin
Après-midi

Dimanche 8 Janvier
ST LUCIEN
Matin
Après-midi

Janvier

Lundi 9 Janvier
St Alix

Matin

Après-midi

Mardi 10 Janvier
St Guillaume

Matin

Après-midi

Mercrerdi 11 Janvier
Ste Pauline

Matin

Après-midi

Jeudi 12 Janvier
Ste Tatiana

Matin

Après-midi

Vendredi 13 Janvier
Ste Yvette

Matin

Après-midi

Samedi 14 Janvier
Ste Nina

Matin

Après-midi

Dimanche 15 Janvier
St Rémi

Matin

Après-midi

Une fève pour désigner le roi

A peine les flonflons de Noël éloignés, à peine remis des agapes du réveillon de Saint Sylvestre, l'Epiphanie refait surface avec son défilé de galettes croustillantes, dissimulant la traditionnelle fève qui désignera le roi.

Epoque privilégiée pour les boulangers pâtissiers, l'Epiphanie permet de vivre des moments de convivialité en réunissant la famille, les amis, les collègues autour de la galette qui se déguste tout au long du mois de janvier.

L'Epiphanie dont dérive le prénom Tiphaine se fête le 6 janvier, donnant le signal du rallongement des jours. Les Romains fêtaient ce jour là Saturne et faisaient de colossales orgies. A l'aide d'une fève, les soldats tiraient au sort un roi parmi les condamnés à mort. Ce roi régnait le jour de la fête et participait aux réjouissances, n'étant exécuté qu'après les Saturnales.

L'Epiphanie se fêtait en Orient dès le IV ème siècle. L'église d'Occident y plaça l'adoration des Rois Mages. Aussi en souvenir de Melchior, Gaspar et Balthazar venus adorer Jésus en suivant l'étoile du berger, on tire les rois. Ainsi petit à petit la fête religieuse et la fête profane se sont superposées.

Le rituel de la fève fut peu à peu adopté. Au Moyen Age on tirait le roi des rois dans les pièces de théâtre. Dans les maisons on mettait un enfant sous la table et on l'interrogeait : « Phœbe Domine, pour qui cette part ? » La première était réservée à la Vierge, à Dieu ou à l'absent et offerte aux pauvres le lendemain. L'élu roi devait offrir la boisson.

L'habitude de tirer au sort un roi grâce à une fève placée dans un gâteau rond représentant le soleil, a traversé le temps. Aussi la galette feuilletée fourrée de frangipane est aujourd'hui partagée entre les convives. Dans le midi on lui préfère une brioche aux fruits confits. Celui qui trouve la fève est couronné roi et choisit sa reine.

Autrefois la fève était une graine glissée dans la pâte, mais il était fréquent que les tricheurs ou les avares l'avalent. Aussi au XIXème siècle, la fève fut remplacée par des figurines en porcelaine qui suivent l'actualité. Ainsi en 1870 on voit des cochons coiffés de casques prussiens, en 1894 des autos apparaissent après la course Paris Rouen. Depuis 1960, des fèves en plastique ont été créées.

Le 4 nivose an 3, un député proposa à la Convention de remplacer la galette des rois par le gâteau de l'Egalité. Sans succès fort heureusement ! Les Français étaient attachés à leur galette des rois !

Jeanine Berducat

Trucs et astuces de Mémé

Sa liqueur de feuille de pêcher :

Mémé choisissait 60 belles feuilles de pêcher, elle les mettait à macérer 60 jours dans un litre d'eau de vie.

Elle préparait un sirop de sucre (150 g de sucre dans le moins d'eau possible). Elle filtrait les feuilles, et dans l'alcool ajoutait le sirop. Puis elle mettait en bouteilles.

le coin Cuisine

La galette des rois

Pour 6 personnes

400 g de pâte feuilletée
1 œuf
50 g de raisins secs
un petit verre de calvados
6 pommes reinettes
50 g de beurre
75 g de sucre
Une fève

Etendez la pâte feuilletée au rouleau.

Découpez 2 abaisses rondes et identiques, en vous aidant d'une assiette ou d'un moule rond pour les découper.

Déposez-les sur la plaque du four mouillée.

Badigeonnez l'une des abaisses de pâte à l'œuf battu.

Dessinez des croisillons ensuite, à la pointe du couteau.

Faites cuire les deux abaisses de pâte à four chaud pendant 20 min.

Laissez refroidir.

D'autre part, faites gonfler les raisins dans le calvados.

Pelez les pommes, coupez-les en quartiers, faites-les dorer dans le beurre, saupoudrez du sucre et laissez cuire doucement jusqu'à ce que les pommes caramélisent légèrement.

Ajoutez les raisins, le calvados et la fève. Laissez refroidir.

Recouvrez une abaisse de pâte de cette préparation (celle qui n'a pas été dorée à l'œuf). Posez l'autre pardessus.

Le calvados peut être supprimé et remplacé par un parfum de vanille en poudre ou de cannelle.

Le saviez-vous ?

Le calendrier républicain

Ce calendrier révolutionnaire français, fut créé pendant la Révolution française et fut utilisé de 1792 à 1806, ainsi que brièvement durant la Commune de Paris (1871).

La Révolution ayant fait de la France un État laïque, ce calendrier avait pour but d'effacer de la mémoire des Français le calendrier grégorien, étroitement lié au christianisme, bien que celui-là soit régi suivant une règle de décalogue. Certaines communes appliquèrent la règle et on voit des prénoms républicains donnés à des nouveaux nés. Ainsi à Aigurande on relève : Egalité André, Républicain Aussourd, Egalité Allély, Liberté Allély, Raisin Aussourd, La Montagne Républicaine Clément, Républicaine Gourdalièvre ; des prénoms peut-être pas facile à porter 50 ans plus tard !

Lundi 16 Janvier
St Marcel

Matin

Après-midi

Mardi 17 Janvier
Ste Roseline

Matin

Après-midi

Mercredi 18 Janvier
Ste Prisca

Matin

Après-midi

Jeudi 19 Janvier
St Marius

Matin

Après-midi

Vendredi 20 Janvier
St Sébastien

Matin

Après-midi

Samedi 21 Janvier
Ste Agnès

Matin

Après-midi

Dimanche 22 Janvier
St Vincent

Matin

Après-midi

Janvier

Lundi 23 Janvier
ST BARNARD

Matin

Après-midi

Mardi 24 Janvier
ST FR. DE SALES

Matin

Après-midi

Mercrerdi 25 Janvier
CONV. ST PAUL

Matin

Après-midi

Jeudi 26 Janvier
STE PAULE

Matin

Après-midi

Vendredi 27 Janvier
STE ANGÈLE

Matin

Après-midi

Samedi 28 Janvier
ST TH. D'AQUIN

Matin

Après-midi

Dimanche 29 Janvier
ST GILDAS

Matin

Après-midi

Des foires traditionnelles en Berry

Hier les échanges commerciaux se faisaient dans la cadre des foires et marchés. Si les marchés représentaient un véritable débouché pour les productions locales, les foires qui durent plus longtemps apparaissaient aussi comme un lieu de réunion et de rencontres privilégiées pour les ruraux... Aujourd'hui, même si l'on y fait plus l'essentiel de ses échanges, elles restent un moment attendu dans le calendrier rural, attirant paysans et villageois des campagnes et bourgs d'alentours.

Foire aux laines de Bouesse (Indre). (Juin 2006. Cliché Daniel BERNARD)

Selon la saison, en fonction des productions du moment, elles révélaient les spécificités locales (foires aux moutons des bourgades de Champagne berrichonne, foires aux oisons au printemps à Ardentes, foires aux chevaux à Pont-Chrétien ou à Baugy, foire aux ânes à Lignières, foires aux laines à Bouesse ou aux châtaignes à Eguzon...).

Jadis, le nombre d'animaux menés en foire étaient impressionnant. La presse de l'époque livre des détails souvent précis à ce sujet. A Argenton, lors de la foire du 7 janvier 1856, lit-on dans le Moniteur de l'Indre, 3 000 porcs gras ont été vendus. 2 000 moutons sont apportés à la foire de Pruniers le 13 mai 1856. Tandis que le 17 juin, 800 paires de bœufs et vaches sont présents sur le foirail de saint-Genou.

Les foires grasses du Carnaval étaient renommées. En prévision des longs jours de Carême : la viande figure au menu du Mardi-gras et les bouchers devaient faire face à une demande accrue. A la mi-février, dans les villes et les gros bourgs, les bouchers s'approvisionnaient sur les foires grasses. Ils y choisissaient les plus belles bêtes pour les présenter aux « concours des animaux gras ».

Des foires jadis importantes subsistent de nos jours, même si elles n'ont plus leur splendeur passée. Renommée à l'époque de George Sand, la foire du 9 septembre subsiste encore à la Berthenoux. A Rosnay, pour la fête de Saint Louis, la foule est toujours au rendez-vous et la foire est florissante. C'est encore une des plus grandes manifestations rurales du Centre de la France.

Daniel Bernard

Trucs et astuces de Mémé

Secrets de beauté : Les taches de rousseur

"Ches brins d'Judos", autrement dit les taches de rousseur, doivent être lavées avec de la rosée recueillie sur les feuilles de choux, sous des résineux ou encore sur des pétales de roses.

le coin Cuisine

Bœuf aux carottes

Pour 8 personnes

1,5 kg de bœuf (gîte)
5 g de beurre
3 oignons
Sel et poivre
1/2 l de vin blanc sec
1/4 l d'eau
Thym
Laurier
Persil
2 cuillérées à soupe de concentré de tomates
1 kg de carottes

Faites revenir la viande dans une cocotte pouvant aller au four, dans le beurre chaud.

Quand elle est dorée, retirez-la, faites fondre à sa place les oignons pelés et émincés.

Remettez la viande, assaisonnez, mouillez de vin blanc et d'eau.

Joignez le bouquet garni, le concentré de tomates et enfin les carottes pelées et coupées en morceaux.

Faites partir la cuisson sur le feu ; dès que le liquide arrive à ébullition, couvrez hermétiquement la cocotte et continuez la cuisson à four moyen pendant 3 h.

Enlevez le couvercle pendant la dernière demi-heure de cuisson.

le saviez-vous ?

Le sang du Christ à Neuvy

Au milieu du 11éme siècle, trois seigneurs locaux fondèrent une collégiale imitée du Saint Sépulchre de Jérusalem. Reconstruite après avoir été endommagée par les Anglais au 14 ème siècle, elle fut classée monument historique en 1847 et élevée au rang de basilique en 1910. Chaque année pour Pâques, une procession a lieu derrière les reliques du précieux sang du Christ.

En 1257, le cardinal Eudes de Châteauroux, ami de Saint Louis a offert aux chanoines de Neuvy, à son retour de la septième croisade trois gouttes du précieux sang prélevées sur le corps du Christ au moment de sa descente de croix. Elles sont toujours conservées à la basilique dans un reliquaire.

Lundi 30 Janvier
STE MARTINE

Matin

Après-midi

Mardi 31 Janvier
STE MARCELLE

Matin

Après-midi

Notes

Disette et pénurie en Bas-Berry à la fin

La fin de la période révolutionnaire s'accompagne de troubles de subsistances et les difficultés d'approvisionnement sont à l'origine d'émeutes, alors que la pénurie s'étend. Dans l'Indre, suite aux mauvaises récoltes de l'été, durant l'automne 1791 et le début de l'hiver 1792, les prix du grain ne cessent d'augmenter et les accapareurs en profitent.

Le 18 février 1792, une émeute éclate sur le marché de Châteauroux, où le sieur Merceret aubergiste à la Promenade vend du blé à des prix élevés. Le lendemain, la foule se présente chez lui, en demandant de délivrer des grains. La tension monte, des menaces sont proférées et leurs émeutiers déclarent vouloir « démolir, piller et brûler la maison de Merceret ». Les forces de l'ordre interviennent et dissipent la foule. Des renforts arrivent de tous les points du département et trente-huit personnes, ouvriers et artisans des faubourgs castelroussins sont inculpés le 11 mars.

En février 1792, l'insurrection risque de gagner toutes les villes du département : le peuple manque de grains et les accapareurs en vendent à des commissionnaires du Limousin. A Ardentes, Argenton, Buzançais, Levroux ou Vatan, la situation est fort tendue. Les mouvements de février étant réprimés, le calme se maintient jusqu'à l'été 1792. A cette époque, l'approvisionnement des marchés reste précaire et la récolte encore déficitaire, les conditions météorologiques ayant été à nouveau désastreuses. Une nouvelle fois, la disette se profile. La situation s'aggrave et le 21 août, le département réglemente l'approvisionnement des marchés, tandis que des commissaires iront dans les bourgs accélérer les battages et dresser l'état des ressources en céréales disponibles. Les prix ne cessent d'augmenter et la pénurie s'accentue à cause des réquisitions destinées à l'armée.

Ici où là, les attroupements se multiplient et les forces de l'ordre sont envoyées dans les bourgades. La disette va croissante et le 17 décembre, les boulangers de Châteauroux annoncent qu'« ils n'ont aucune espèce de grains pour faire du pain. » Face à la pénurie, la réquisition est envisagée : le département est au bord de la famine…

Le 5 décembre, le ministre de l'Intérieur annonce que l'Indre recevra 3000 quintaux de blé arrivant de Nantes par la Vienne et Vierzon. Cette situation extrêmement difficile se poursuivra jusqu'à l'hiver 1793-1794.

Image d'hier !

du XVIIIe siècle

En juin 1793, la disette est générale et le peuple mange du pain, moitié blé, moitié marsèche ou avec un mélange d'avoine, de son et d'herbes. On consomme même les glands et les habitants de la Brenne utilisent les tubercules de l'asphodèle, appellée nonain dans le pays, pour la panification.

Le Directoire départemental prend de nombreuses mesures autoritaires pour essayer de résoudre la disette. Des communes du sud de l'Indre échangeront des châtaignes contre du blé, tandis que « les habitants des villes et des campagnes qui ont des chiens de chasse et des chiens inutiles à la conservation des bestiaux et des propriétés » devront s'en défaire. A une époque où les loups représentent un véritable danger pour les communautés rurales et pour le gibier des propriétaires terriens, l'application de cet arrêté va soulever des protestations et de vives inquiétudes.

Le 16 novembre 1793, dans un contexte de déchristianisation, l'administration départementale « considérant que le pain fait de fleur de farine et offert dans chaque commune au moins cinquante fois l'année, tient plus à la superstition qu'aux principes internes de la religion et que de la suppression de cet abus il en résultera un bénéfice au moins de 14 456 boisseaux de fleur de farine (...) arrête que l'offrande du pain béni demeure supprimée dans toutes les communes de ce département à compter du jour de la notification de la présente »...

Toutes ces mesures n'arrivent pas à résoudre le crucial problème de la faim et le peuple tente par tous les moyens de se procurer du grain. Fraudes et trafic se multiplient à travers le département.

Des habitants des communes du Boischaut se rendent en Champagne berrichonne pour s'y procurer clandestinement des céréales. Un véritable marché noir s'instaure alors que la pénurie s'est généralisée et touche particulièrement le monde des journaliers. Elle durera jusqu'en 1795. Seules les bonnes récoltes de 1796 et 1797 permettront de faire reculer le spectre de la misère.

Daniel BERNARD

Pour en savoir plus :

Daniel Bernard et Jacques Tournaire. L'Indre pendant la Révolution française. La vie quotidienne de 1789 à 1799. Editions Souny, Limoges, Mai 1989.

Image d'hier !

35 — Châteauroux - La Rue Saint-Luc

bricolage

La pose d'un verrou sur une porte en bois

Fixez le gabarit fourni généralement avec le verrou dans l'emballage avec de l'adhésif à l'endroit choisi. Avec un pointeau, marquez le centre du perçage.

Sur votre perceuse, mettez une mèche à bois dont le diamètre sera légèrement supérieur au cylindre de votre verrou.
Percez à vitesse assez lente le trou dans lequel le canon du verrou passera. Percez jusqu'à faire apparaître la pointe de la mèche de l'autre côté, surtout ne pas percer entièrement pour éviter les éclats. Reprenez le perçage de l'autre côté, ainsi le trou sera net et sans bavure.
Si le bois de votre porte est dur, n'hésitez pas à faire des avant-trous avec une petite mèche, cela facilitera l'action de vissage.

Ensuite posez la contreplaque ; pour ce fait, réalisez les trous de fixation du verrou, avec une mèche à bois de diamètre 6 mm. Prenez une mèche de diamètre légèrement supérieur à celui des 4 douilles filetées de la contreplaque. Placez-vous du côté extérieur et agrandissez les trous sur la profondeur nécessaire.

Si votre verrou possède un protège cylindre, il sera impératif lors du perçage du trou où passe le cylindre de prendre une mèche légèrement supérieure de diamètre.

Une fois ces opérations terminées, fermez la porte, tournez le bouton ou la clé pour mettre le verrou en position fermée.
Apposez la gâche en la centrant par rapport au pêne.
Repérez son emplacement avec un pointeau.
Percez à l'endroit réperé et fixez la gêche avec des vis à bois assez longues.

côté jardin

Février

Travaux divers

Surveillez vos silos de légumes-racines. Au cellier triez et dégermez les pommes de terre de conservation ; serrez-les bien les unes contre les autres. Prévoyez la chasse aux rongeurs. Traitez la végétation dès l'apparition des pucerons. Aux champs, en fin de mois, semis des avoines.
Débarrassez le tronc des arbres des mousses et des lichens.

Potager

On peut planter : échalote, oignon blanc ; semis à bonne exposition, épinard, chou hâtif, laitue.
Semis sur couches, comme le mois précédent, auxquels on peut ajouter aubergine, céleri, concombre, melon, piment, poireau, tomate. Semis en pleine terre fève, pois à écosser et pois mange-tout. Divisez les touffes de plantes vivaces et replantez-les en place.

Verger

Nous entrons dans les meilleures semaines pour les traitements des arbres fruitiers sauf sous la pluie, le grand vent ou la gelée.
Taillez les branches des framboisiers à quelques centimètres du sol.
Pour certains arbres atteints par la limite d'âge ou la maladie, n'hésitez pas à les changer.
On remplace toujours un arbre à pépins par un arbre à noyau et vice$-versa.
Evitez de bêcher si la terre est gelée en surface et n'enterrez pas la neige.

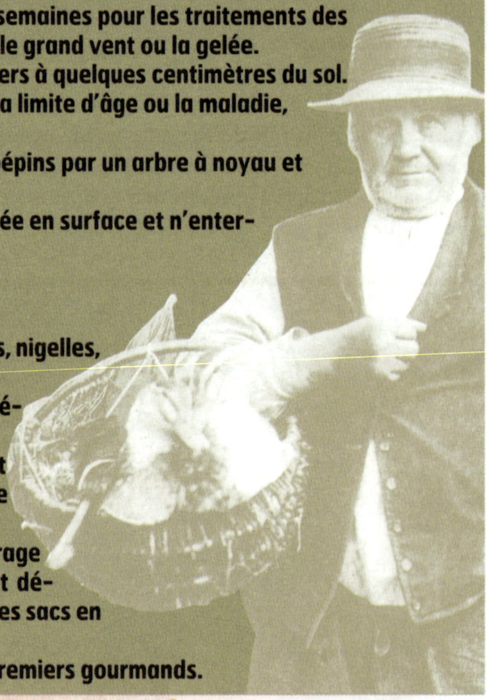

Fleurs

Semez dès maintenant coquelicots, nigelles, pavots.
En serre, repiquez les plants de bégonias.
Taillez le mimosa après floraison et commencez la mise en place de plantes grimpantes précoces.
Traitez les rosiers avant le démarrage de la végétation. Dépaillez-les et dégagez les plantes protégées par des sacs en plastique.
Prrofitez-en pour supprimer les premiers gourmands.

Le jeu du mois de février

Solution page 128

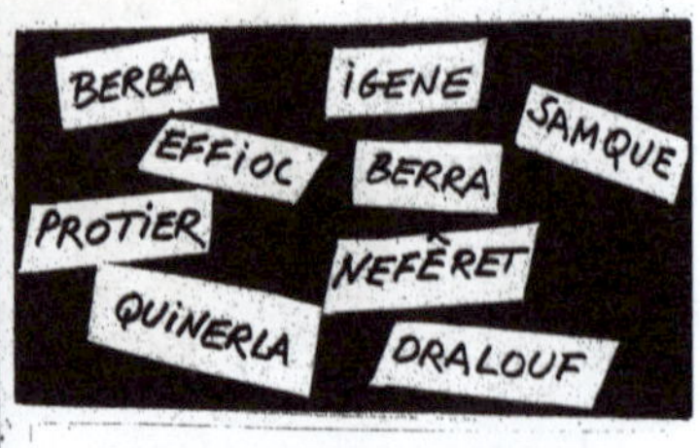

Tous ces noms sont dans le dessin. Pour retrouver chacun de ces mots, remettez les lettres dans le bon ordre.

Février

A la Saint-Valentin,
la pie monte au sapin.
Si elle n'y reste pas,
l'hiver ne durera pas.

2012

Verseau du 21 janvier au 19 février

Poisson du 20 février au 20 mars

Le mois de février tire son nom de Junon que les Romains nommaient Februalis et qui était honorée d'un culte particulier. Une autre version affirme que ce nom viendrait des sacrifices en l'honneur des morts, appelés *februales*, qui se célébraient aussi à ce moment.
Les anciens représentèrent le mois de février sous la figure d'une femme qui était vêtue d'une seule tunique relevée par une ceinture. Afin d'indiquer la nature pluvieuse du mois, on avait placé entre les mains de cette femme une cane, oiseau aquatique, et à côté d'elle une urne d'où l'eau s'échappait avec abondance. A Rome, surtout, où l'hiver est moins long que dans nos climats, le mois de février est en effet celui des pluies.

Qu'est-ce que le vin ? C'est un corps vivant où se tiennent en équilibre les "esprits" les plus divers, les esprits volants et les esprits pondérés, conjonction d'un ciel et d'un terroir.
[Gaston Bachelard]

La Chandeleur et Mardi gras

Il faut rechercher l'origine de ces fêtes à l'époque druidique. En effet vers le 10 février l'on fêtait Imbloc, fête du renouveau de la lumière, mais c' est aussi le temps où le lait vient aux brebis, et le retour de la fécondité.
Pour les Romains c'était l'époque des Lupercales, fête de la lumière, et de la fête lustrale après les rigueurs et les souillures de l'hiver. Dans notre région, depuis le Moyen Age l'on appelait la Chandeleur la Bonne Dame Crêpière. C'était le jour ou l'on apportait à l'église une bougie pour la faire bénir ; on allumait cette bougie pendant les orages, afin de protéger la maison. C'était aussi le jour où l'on cuisait les crêpes ; chacun dans la maison devait en retourner une, avec dans la main une pièce, ce qui devait apporter de l'argent toute l'année. Le Mardi gras, était la fête du Bœuf gras ; les bouchers promenaient la veille dans les rues de la ville ou des villages un gros bœuf bien gras tout enrubanné, que l' on tuait pour le Mardi gras. Dans les villages, la jeunesse se déguisait et le soir elle se réunissait autour d'un grand feu de joie, au-dessus duquel elle pendait un mannequin avant de danser autour : c'était le carnaval.
Le jour suivant était le mercredi des Cendres : l'on se rendait à l'église, et l'on en rapportait des cendres que l'on jetait autour des granges et des champs, pour éviter que les mulots ne mangent le grain.

Février

Notes

Mercrerdi **1er** Février
STE ELLA

Matin

Après-midi

Jeudi **2** Février
PRÉSENTATION

Matin

Après-midi

Vendredi **3** Février
ST BLAISE

Matin

Après-midi

Samedi **4** Février
STE VÉRONIQUE

Matin

Après-midi

Dimanche **5** Février
STE AGATHE

Matin

Après-midi

La disparition du bouilleur de crue

Le statut des bouilleurs de cru est un ancien privilège qui est en train de vivre ses dernières heures. Il a été créé par Napoléon Bonaparte. L'Empereur accorda une exonération des taxes pour la distillation des premiers litres d'alcool pur. Le privilège qui passera normalement à trépas à la fin de l'année 2012 ne permettra plus au propriétaire récoltant de produire de l'eau de vie. En 1959 déjà, il avait été décidé que ce privilège n'était plus transmissible par héritage. La manœuvre politicienne a été concoctée, officiellement, pour endiguer l'alcoolisme dans les campagnes. En creux, la modification du privilège allait aussi dans les l'intérêt du lobby des alcooliers qui avait plus de champ libre pour écouler leurs alcools. Aujourd'hui, leur exonération de taxe sur les premiers litres d'alcool, qui avait déjà subit un coup de rabot en 2008, est remise en cause définitivement. Dans la pratique, toute personne qui possédait un verger ou une vigne, à la condition que sur le cadastre de la commune le terrain soit ainsi dénommé, pouvait distiller les produits issus de cette parcelle. Ils n'étaient pas forcément des professionnels, contrairement aux distillateurs dont l'exercice du métier est sévèrement encadré par les douanes. Signe que le poids des années est passé par là, Pierre Chopinet, travaille à la réalisation d'un Musée de l'Alambic qui devrait normalement, 2012, devrait voir le jour à Châteaumeillant.

G.R

Image d'hier !

le coin Cuisine

Gratinée de potiron

Pour 8 - 10 personnes

1 potiron
250 g de croûton grillés
200 g de gruyère râpé
¼ litre de crème fraîche
½ litre de lait

Une façon amusante de présenter la soupe au potiron : dans le légume lui-même, creusé, farci et cuit au four enveloppé de papier d'aluminium.

Coupez une calotte à un potiron orange de 3 à 4 kg, elle formera le « couvercle » de la soupière. Retirez graines et filaments de l'intérieur.

Dans le creux ménagé, disposez 250 g de croûtons grillés en couches superposées et saupoudrées de 200 g de gruyère râpé. Remplissez de 1/4 l de crème fraîche et de 1/2 l de lait.

Remettez le couvercle.

Enveloppez le potiron de papier d'aluminium et faites cuire 2 h à four chaud. Pour servir, retirez le papier, ôtez le couvercle et mélangez à la louche en détachant la chair du potiron.

Trucs et astuces de Mémé

Nettoyer des gants :

Pour nettoyer les gants de peau, trempez légèrement dans du lait mélangé d'un peu de bicarbonate de soude un morceau de flanelle qu'on passe aussitôt sur du savon en poudre ; frottez ensuite les gants tendus sur les doigts ou sur les baguettes. Essuyez avec une flanelle sèche.

le saviez-vous ?

Faire cuire des choux sans odeur

Il suffit de remplir un petit sac de toile avec de la mie de pain. Bien le fermer et le mettre dans l'eau de cuisson avec le chou. Il absorbera les odeurs désagréables du chou qui ainsi ne se répandront pas dans la pièce.

Février 2012

Lundi 6 Février — ST GASTON
Matin
Après-midi

Mardi 7 Février — STE EUGÉNIE
Matin
Après-midi

Mercredi 8 Février — STE JACQUELINE
Matin
Après-midi

Jeudi 9 Février — STE APOLLINE
Matin
Après-midi

Vendredi 10 Février — ST ARNAUD
Matin
Après-midi

Samedi 11 Février — N.D. DE LOURDES
Matin
Après-midi

Dimanche 12 Février — ST FÉLIX
Matin
Après-midi

Février

Lundi 13 Février
STE BÉATRICE

Matin

Après-midi

Mardi 14 Février
ST VALENTIN

Matin

Après-midi

Mercredi 15 Février
ST CLAUDE

Matin

Après-midi

Jeudi 16 Février
STE JULIENNE

Matin

Après-midi

Vendredi 17 Février
ST ALEXIS

Matin

Après-midi

Samedi 18 Février
STE BERNADETTE

Matin

Après-midi

Dimanche 19 Février
ST GABIN

Matin

Après-midi

Un haut clocher

Prendre en photo la Basilique Notre Dame des Enfants qui domine Châteauneuf sur Cher et la rivière du Cher relève de l'acrobatie. Elle n'a rien à envier à la Cathédrale Saint Etienne à Bourges.

Au fil de l'histoire et des combats qui ont traversé la province du Berry, les castelneuviens adressèrent souvent leurs prières à la Vierge Marie. En 1183, les Routiers, bandes de brigands et pilleurs qui étaient dans le pays, manquèrent de ravager la ville. Durant les fratricides guerres de religions en 1569, Châteauneuf sur Cher a encore été épargné. Il en sera de même avec la peste en 1654. Durant la retraite allemande en 1944 la ville ne connaîtra pas le destin d'Oradour sur Glane. L'église qui est visible de nos jours a connu au XIXème siècle une seconde jeunesse sous l'impulsion de l'abbé Ducros. En 1861, il lance une souscription nationale de 2 sous par enfants pour donner un nouvel éclat à l'édifice. Une petite fille domiciliée à Semur en Brionnais dans la Saône et Loire aura l'idée d'appeler le nouveau bâtiment religieux, Notre Dame des Enfants. Une requête exaucée en 1866. L'édifice religieux est le seul à être consacré aux enfants. Les travaux de Notre Dame des Enfants commenceront en 1869 et ne s'achèveront qu'en 1886. Le pape Léon XIII élèvera en 1896 la toute jeune église au rang de basilique. Elle sera consacrée en 1898. D'architecture néo-gothique, elle est longue de 79 mètres, sa façade est large de 20 mètres et elle mesure 64 mètres de haut.

G.R

Image d'hier !

le coin Cuisine

Savarin au rhum

Pour 4 personnes
50 g de sucre
1 œuf entier
100 g de farine
2 c. à soupe de lait
1 sachet de levure

Pour le sirop :
25 cl d'eau
20 morceaux de sucre
3 c. à soupe de rhum

Verser la farine, la levure et le sucre dans un saladier.

Ajouter l'œuf entier et le lait. Bien mélanger l'ensemble des ingrédients.

Verser la pâte dans un moule à savarin et laisser reposer 1 /4 d'heure.

Faire cuire 20 minutes à four modéré.

Pendant ce temps, préparer le sirop : faire bouillir l'eau avec le sucre pendant 2 minutes puis ajouter le rhum.

Arroser le baba de sirop dès la sortie du four.

Trucs et astuces de Mémé

Sécher les vitres :

Lorsque Mémé nettoyait ses vitres, pour les sécher elle n'avait pas de papier absorbant comme aujourd'hui ; elle prenait du papier journal et le passait sur les vitres. Mettez des gants si vous ne voulez pas avoir les mains toutes noires !

Le saviez-vous ?

L'étang de la Mer Rouge

Cet étang constitue l'un des plus grands de la Brenne, d'une superficie de 160 ha. Il est alimenté par un ruisseau, le Suin.

Dans l'ensemble, les rives sont assez difficiles d'accès :

- Au nord, l'étang est bordé par de grandes prairies qu'il faut traverser entièrement pour atteindre le bord de l'eau.

- Les rives sud-est sont, quant à elles, recouvertes de bois épais, fermées à la circulation.

- Seule la rive Nord-Ouest est d'un accès facile. Elle est bordée par un chemin carrossable qui constitue une promenade à travers laquelle on aperçoit l'étendue d'eau. Ce chemin est, en été, très fréquenté par les promeneurs et les pêcheurs.

Lundi 20 Février — St Aimée
Matin
Après-midi

Mardi 21 Février — St Damien
Matin
Après-midi

Mercredi 22 Février — Ste Isabelle
Matin
Après-midi

Jeudi 23 Février — St Lazare
Matin
Après-midi

Vendredi 24 Février — St Modeste
Matin
Après-midi

Samedi 25 Février — St Roméo
Matin
Après-midi

Dimanche 26 Février — St Nestor
Matin
Après-midi

Chanson d'antan

Le Cornemuseux

1. Vous avez ben tous connu
L'pé Larue et sa mustte,
Ouin, ouin, ouin...
D'pis qu' c't' homm' là n'existe plus,
J' vou assur' que je le r'grette,
Ouin, ouin, ouin...
Il m'a laissé par testament,
Sa musett' pour bouffer d'dans,
Landou, landou, landou...

2. J'ons un' nouvell' piau d' mouton
Pour orner nout' cornemuse...
Y'aura pus qu' les deux bâtons
Qu' sont en bois d' cormier ben use...
Malgré ça j'la chang'rais pas
Pour cell' la du pèr' Lucas...

3. Et j'suis composeux d' chansons,
J'ons la mémoir' ben heureuse...
J'en faisons sus les buissons
Et sus les roses mousseuses...
Sur les charm's de Jeanneton
Et la vertu d'Margoton...

4. J'ons un' femm' depuis quéqu' mois,
Qui m'suit partout dans les fêtes...
La jalous'té vient quéqu'fois
Y r'tourner les sangs de la tête...
Elle a tort de s'déranger,
Les fumell's v'lont pas m'manger...

5. Si l' bon Dieu m' donne un garçon
A la saison des asperges...
Tout's les filles du canton
Pourront fair' brûler un cierge...
Ça s'ra un gas ben heureux,
Car i' s'ra cornemuseux...

le coin Cuisine

Quiche au potiron

Pour 6 personnes

1 kg de potiron
3 gousses d'ail
2 dl d'eau
2 cuillérées à soupe de farine
3 œufs
100 g de crème fraîche
Sel et poivre
1cuillérée à soupe de persil ou de ciboulette hachés
250 g de lardons fumés

Pâte brisée :
250 g de farine
une pincée de sel
125 g de beurre
1 dl d'eau environ

Tamisez la farine avec le sel. Incorporez le beurre en parcelles en pétrissant rapidement du bout des doigts. Ajoutez suffisamment d'eau pour pouvoir rouler la pâte en boule et laissez reposer.

D'autre part, pelez le morceau de potiron, retirez les pépins, coupez la chair en dés. Faites-les cuire avec les gousses d'ail pelées et hachées, et l'eau pendant 20 min. Passez le tout à la moulinette et battez bien la purée obtenue à la fourchette. Incorporez à cette purée la farine, les œufs battus et la crème.

Assaisonnez (salez peu à cause du lard qui l'est déjà), joignez les herbes hachées.

Faites blanchir les lardons à l'eau bouillante 3 min, séchez-les soigneusement et faites-les rissoler à la poêle sans matière grasse. Etalez la pâte préparée au rouleau, foncez-en un moule à tarte beurré. Versez la préparation au potiron et les lardons. Faites cuire à four chaud pendant 30 min.

Vous pouvez remplacer, la crème fraîche par du lait et ajouter 100 g de gruyère râpé.

le saviez-vous ?

Le parc de la Haute Touche

Situé en Brenne sur 500 hectares, ce parc abrite une centaine d'espèces à travers plus de 1 000 animaux. Dédié à la sauvegarde des espèces en voie de disparition, ce parc abrite des animaux des 5 continents. Il travaille avec le muséum national d'histoire naturelle pour la réintroduction d'espèces menacées. Beaucoup de naissances en captivité ont lieu comme ces jumeaux lémurs en 2009. On peut découvrir les animaux par un safari voiture, un circuit pédestre ou vélo avec des sentiers ombragés très agréables.

Février 2012

Lundi 27 Février
STE HONORINE

Matin

Après-midi

Mardi 28 Février
ST ROMAIN

Matin

Après-midi

Mercredi 29 Février
ST AUGUSTE

Matin

Après-midi

Notes

Quand la rage sévissait en Bas-Berry...

Danger pour les animaux des paysans et le gibier des grands propriétaires terriens, vecteur de transmission du virus rabique, le loup évoque l'image du mal dans les mentalités populaires.

Après la guerre de 1870, la rage connaît une recrudescence dans beaucoup de régions françaises. Le Berry ne fut pas épargné : en 1878, de nombreux chiens errants transmettant le redoutable virus sont signalés. Les dégâts des loups sur les bestiaux se manifestent en de nombreuses régions du Berry, où les fauves restent encore très présents sur la rive gauche de la Creuse, entre Argenton, Bélâbre et Saint-Benoît-du-Sault .

A cette époque, la rage reste un fléau terrifiant que la science n'a pas encore vaincu. Mis à part le recours au panseux, qui a le pouvoir de guérir par des pratiques magiques en utilisant des prières secrètes, à l'empirique qui traite les animaux mordus, aux breuvages à base d'herbes, tel le mouron rouge, et à quelques prières destinées à Saint Hubert, les remèdes employés pour lutter contre la rage restent archaïques. Certes le forgeron ou le maréchal-ferrant peuvent pratiquer la cautérisation des plaies au fer rouge. D'autres caustiques comme l'acide sulfurique s'utilisent, mais quand le virus a été transmis à l'organisme par la salive d'un animal infecté, il n'y a malheureusement aucune issue possible pour la victime. Aussi raconte t-on encore en Berry, que pour abréger leurs souffrances atroces, on étouffait entre deux matelas les personnes enragées...

Danger pour les animaux et les hommes, le loup fut longtemps exécré des populations rurales.

C'est dans un tel contexte qu'une attaque dans la région d'Argenton-sur-Creuse va défrayer la chronique... Le 17 juillet 1878, alors que les bergères emmènent les trou-

Image d'hier !

peaux au pacage, tandis que les moissonneurs se rendent dans les champs, un loup sème la panique dans les communes de Tendu et Mosnay… Des Gabats à la Maison-Dieu, des Sallerons à Mazières, de l'Arrachis aux Adenets, du Pied Ferré à Yvernaud, la bête attaque des bestiaux au pacage, des bergères, un moissonneur et des enfants. Surprise en train de ramasser du bois, Marie Gay est défigurée ; après une longue lutte avec le fauve, Henry Berlot a la pouce coupé et avalé par la bête…

Le soir du 17 juillet, après avoir attaqué un troupeau de moutons à la Tuilerie sur la commune de Tendu, le loup est terrassé par un jeune homme de 17 ans, Louis Foulatière, aidé de Silvain Guilbaud… Il reçoit une montre en or, une somme de 200 francs du Figaro tandis que le ministère de l'Intérieur lui délivre une médaille d'argent « pour s'être fait connaître par son courage et son énergie dans l'affaire du loup d'Argenton ».

Pour éviter la propagation de la rage, les animaux mordus par le loup sont abattus ou séquestrés. Sur les sept humains maltraités par la bête féroce, deux décèdent environ un mois après l'attaque. Marie Gay meurt le 11 août à l'hospice d'Argenton et Henri Berlot le 24 août à celui de Châteauroux. Leurs souffrances ont été atroces. Les autres victimes mordues de façon plus superficielle et protégées par leurs vêtements ont pu être cautérisées au fer rouge ou ont eu recours à des moyens de traitements empiriques… Elles n'ont pas développé les symptômes de la terrible maladie…

Conservé aux Archives de l'Indre, daté du 14 janvier 1879, le rapport du docteur Maquart donne des précisions sur l'évolution de la rage chez Marie Gay : « pas de symptômes rabiques jusqu'au dimanche 4 août. Ce jour-là, la malade est devenue triste et fuyait la lumière. Le lendemain, elle ne voulait plus rien prendre ; mercredi matin, elle manifesta le désir d'avoir du café qu'elle prit avec plaisir jusqu'au vendredi ; alors les symptômes s'aggravent : horreur des liquides, caractère difficile, accès de fureur le vendredi soir ; le samedi matin, un peu de calme qui fut de courte durée. Dans la soirée, elle devint méchante et menaçait les autres malades; alors elle fut mise dans une chambre à part ; la nuit sans sommeil. Impossibilité de prendre des liquides ou des aliments. Le dimanche matin, la folie furieuse était plus grande ; cris, difficulté de se tenir debout, les yeux hagards injectés ; les cicatrices s'étaient rompues ; la bouche laissait suinter une bave sanguinolente jaunâtre. A neuf heures du matin, elle succombait dimanche onze août 1878. »

En 1885, Pasteur pratique la première vaccination antirabique sur l'être humain La rage est vaincue. L'étouffement des victimes de la rage entre deux matelas ne sera plus qu'un sinistre souvenir…

Daniel Bernard

Pour en savoir plus :

Daniel BERNARD. Un loup enragé en Berry. La Bête de Tendu-Mosnay (1878). 2e édition, Imp. La Simarre, Joué-lès-Tours, Février 1997.

Image d'hier !

brico lage

Installer un portique de jeux

Respecter les règles de sécurité.

- Avant d'installer le portique assurez-vous que le sol soit bien adapté (de préférence sur de l'herbe), évitez les surfaces dures ou caillouteuses.

- Le portique doit être placé à plus de deux mètres de tout obstacle gênant comme les arbres ou autre murets.
- Pour finir, vérifiez que votre portique et ses agrès respectent bien les normes de sécurité en vigueur.

Sceller le portique dans du béton.

Pour un maximum de sécurité nous vous conseillons de sceller les pattes d'ancrage du portique dans des blocs de béton.

- Commencez par monter le portique en respectant bien les niveaux indiqués par le fabricant.
- Placez votre portique à l'endroit désiré puis marquez sur le sol l'emplacement des poteaux.
- Creusez ensuite des trous de 50 cm de profondeur et de 20 cm de diamètre à l'emplacement des poteaux.
- Fabriquez un béton dur en n'y mettant pas trop d'eau, respectez les dosages généralement indiqués sur les sacs de ciment.
- Remplissez vos trous de béton et insérez-y les pattes d'ancrage du portique.
- Laissez ensuite sécher le béton un mois avant de mettre le portique en service.

Ancrer le portique directement dans le sol.

- Commencez par monter le portique en respectant bien les niveaux indiqués par le fabricant.
- Placez votre portique à l'endroit désiré puis marquez sur le sol l'emplacement des poteaux.
- Creusez ensuite des trous de 40 cm de profondeur et de 20 cm de diamètre à l'emplacement des poteaux.
- Enfoncez les pieds de votre portique dans les trous puis comblez-les avec des cailloux et de la terre.

Mars — côté jardin

Travaux divers

Dans les terres, continuation des semailles de blé et d'avoine, semis des luzernes et trèfles. Hersage des céréales d'automne. Semis de nitrate pour favoriser le départ de la végétation. Dans les prés, hersage et roulage de prairies de fauche. Plantation de vignes nouvelles. Ratissage, émiettage de la terre, apport des engrais de surface. Sur le balcon surélevez vos jardinières avec des cales de bois.

Potager

Commencez la plantation des pommes de terre précoces. Buttez les pois et les fèves semés à l'automne. Semis sur couche ou sous châssis : aubergine, carotte hâtive, concombre, cornichon). Semis en pleine terre : betterave, cerfeuil, chicorée sauvage, épinard, persil, radis hâtif, salsifis. Semez les salades en lune descendante. Plantez des asperges et des fraisiers.

Verger

Continuez la taille des arbres fruitiers et de la vigne avant les premiers mouvements de sève. Binez, desherbez largement tout autour des arbres. Echenillez. C'est en cette saison que s'exécute la greffe en fente. Abritez contre les gelées de la nuit ou les giboulées les pêchers et abricotiers en espaliers dont les fleurs ou les boutons seraient déjà formés.

Fleurs

Pour regarnir murs et tonnelles : lierre, jasmin, chèvrefeuille, anémone, renoncule. Dans les terrains légers, semez des graines de gazon. Semez à la volée ou en rayon les fleurs annuelles en adaptant la profondeur du sillon à la taille de la graine. Bouturez les chrysanthèmes. N'oubliez pas sous châssis : œillet d'inde, reine-marguerite, immortelle, giroflée. Commencez les plantations des conifères.

Le jeu du mois de mars

Solution page 128

1	P	I			R	
2				I	E	R
3		A			A	N
4	L	O		i		
5				A	R	D
6		A			O	N
7		A		A	R	
8		A	S		A	

1	P	I			R	
2				I	E	R
3		A			A	N
4	L	O		i		
5				A	R	D
6		A			O	N
7		A		A	R	
8		A	S		A	

Mars

A la Saint-Patrice,
sème tes petits pois.
Tu en récolteras plus
que ton poids.

2012

Poisson
du **20** février
au **20** mars

Bélier
du **21** mars
au **20** avril

En France, jusqu'à l'année 1564, on commençait l'année à Pâques, ou plutôt au Samedi saint, après la bénédiction du cierge pascal, ou aussi le 25 mars, jour de l'Annonciation.
Le mois de mars tire son nom du dieu de la guerre. C'était le jour où la première fois de l'année on pratiquait plusieurs cérémonies. On allumait un feu nouveau sur l'autel de Vesta, etc.
Il était personnifié sous la figure d'un homme vêtu d'une peau de louve, parce que la louve était consacrée à Mars.

La distinction entre le vrai et le faux s'applique aux idées, non aux sentiments. Un sentiment peut être superficiel, il ne sera jamais menteur

[Arthur Koestler]

Mars et les oiseaux

En mars, la nature se réveille. Les oiseaux et les insectes aussi. L'observation de leur comportement est tout aussi instructive :
- Cri de mouette, signe de tempête.
- Quand la chouette miaule au bois, du beau temps on a espoir :
- Buses planant, beau temps.
- La pintade perchée qui crie, appelle la pluie.
- Si le paon crie Léon ! Léon ! Il faut rester à la maison. Ce cri strident du mâle accompagné du déploiement de sa splendide roue sont des signes de grande stimulation sexuelle et de parade amoureuse. Il a été constaté que cela se produisait souvent 24 heures avant un orage.
- Araignée du matin, chagrin. La rosée l'empêche de tisser sa toile.
- Araignée du soir, espoir. Temps calme, il fera beau demain.
- Araignée de midi, soucis. Si elle s'affaire après sa toile sans raison, n'y aurait-il pas un orage possible ?
D'autres observtions effectuées directement sur les animaux de la ferme annoncent à plus ou moins brève échéance l'orage :
Il fait un temps chaud et lourd, cela fait ruer et courir ça et là les vaches.
Les taons et les mouches piquent. Tout d'un coup il fait un éclair et il se met à tonner.

Mars

Notes

Jeudi **1er** Mars
ST AUBIN

Matin

Après-midi

Vendredi **2** Mars
CHARLES LE BON

Matin

Après-midi

Samedi **3** Mars
ST GUÉNOLÉ

Matin

Après-midi

Dimanche **4** Mars
ST CASIMIR

Matin

Après-midi

Les conscrits aux pays de la terre glaise (Argile)

Suite page 32

Verneuil sur Igneraie (Indre), accueillante localité berrichonne, pays de la terre glaise (argile) où il y a encore quelques années de nombreuses poteries artisanales étaient en activité.

Je me souviens très bien des célèbres potiers à l'époque où j'étais ecolier : Paul Demeure, Lucien Laphilippe, la poterie Mijoin où Noël Jamet (l'un des trois conscrits des années 1949) a fait son apprentissage avant de se mettre à son compte dans le Puy de Dôme à Pontaumur.

Verneuil c'était aussi la tuilerie-briquetterie détruite par le feu le 5 février 1941, où par la suite s'installa une saboterie industrielle (dont les déchets servaient aux chauffages des maisons, ainsi qu'à la marche des automobiles, le gazogène bienvenue en cette pénurie d'essence). Saboterie qui devait arrêter son activité au bout de quelques années, la chaussure venant concurrencer le sabot. Par la suite la tuilerie reprit son activité.

Verneuil lieu également célèbre avec Gabriel Nigon dont la demeure était à 200 mètres de mes grands-parents « Le Père Jules », sortie de Verneuil en direction de Thevet-St-Julien.

Le 17 octobre 1949 en butant la vigne de grand-père Jules avec une charrue, le baudet qui tractait, avança brusquement alors que j'étais entrain d'enlever l'amas d'herbe qui bloquait l'ensemble. C'est ainsi que le soc vint percuter mon pied droit et pénétra profondément mes chairs. Après les soins du Docteur Naud et ses recommandations d'un repos complet, il me devait d'organiser le lendemain, jour à ne pas manquer. En effet le 18 octobre 1949 à La Châtre se déroulait l'examen du Conseil de Révision, et, ne pouvant marcher, j'ai donc demandé à M. Gaston Decoget, maire-adjoint et entrepreneur de battage au lieu-dit « Les Bordins » de me transporter avec son automobile (il y en avait peu à l'époque).

Après avoir mis mon vélo dans la malle arrière, nous voilà partis pour la ville, rejoint en bicyclettes par mes deux camarades Noël Jamet et Guy Aubertin. Nous étions à Verneuil trois garçons à passer ce Conseil de Révision (photo : Moi-même Guy Hérisson, et avec leurs instruments de musique Noël Jamet et Guy Aubertin).

Trucs et astuces de Mémé

Pharmacopée : les enfants nerveux

Les petits-enfants nerveux qui dormaient mal, Mémé leur faisait boire une tasse de tilleul avec du miel, mais elle pouvait aussi conserver les pelures de pommes qu'elle sèchait au four ; ce qui donnait alors une tisane exquise, qui, bien sucrée, a sur les nerveux un effet calmant.

le coin Cuisine

Soupe de poissons à la rouille

Pour 6 personnes

1,5 kg de poissons variés choisis parmi les espèces suivantes :
grondin, congre, lotte,
merlan, daurade, rascasse
250 g d'oignons
1 cuillérée à soupe d'huile d'olive
4 tomates
3 gousses d'ail
1 branche de fenouil
3 l d'eau environ
Sel et poivre
Une capsule de safran
Bouquet garni

Sauce rouille :
2 ou 3 gousses d'ail
2 petits piments forts
1 jaune d'œuf
Une petite poignée de mie de pain
Trempée dans le bouillon et pressé
Huile d'olive

Pour servir :
Croûtons frits et persil haché à volonté

Nettoyez les poissons, coupez- les en morceaux, ne jetez pas les têtes. Pelez et émincez les oignons, faites-les fondre dans l'huile. Ajoutez les tomates pelées et concassées, l'ail pilé, le fenouil émincé. Ajoutez les poissons et mouillez d'eau chaude à hauteur.

Assaisonnez, joignez le safran et le bouquet garni. Portez à ébullition et laissez mijoter 1 h.

Retirez alors les têtes et les arêtes, et passez le potage à la moulinette.

Si la soupe est trop épaisse, ajoutez un peu d'eau. Réchauffez doucement et rectifiez l'assaisonnement.

Vous aurez d'autre part préparé la sauce : pilez l'ail et le piment, ajoutez le jaune d'œuf, la mie de pain et versez l'huile peu à peu en montant la sauce comme une mayonnaise.

Vous pouvez à volonté allonger cette sauce avec un peu de bouillon de la soupe.

Servez avec des croûtons frits, présentez la sauce à part.

le saviez-vous ?

Les cardères ou charbons à foulon

La cardère est une plante en voie de disparition qui tire son nom du verbe carder. En effet elle était utilisée autrefois pour démêler les fibres de chanvre ou de laine. Cette plante produit une fleur qui, une fois séchée, présente un bulbe de crochets acérés. Ces fleurs de cardères étaient utilisées avant l'apparition des brosses métalliques. Ainsi à Aubigny sur Nère dans le Cher, l'industrie du drap était très développée. La laine utilisée pour tisser le drap était lavée dans la Nère avant d'être cardée avec les fleurs de cardères qui étaient cultivées à cet effet.

Mars 2012

Lundi 5 Mars — St Olive

Matin

Après-midi

Mardi 6 Mars — Ste Colette

Matin

Après-midi

Mercredi 7 Mars — St Félicité

Matin

Après-midi

Jeudi 8 Mars — St Jean de Dieu

Matin

Après-midi

Vendredi 9 Mars — Ste Françoise

Matin

Après-midi

Samedi 10 Mars — St Vivien

Matin

Après-midi

Dimanche 11 Mars — Ste Rosine

Matin

Après-midi

Mars

Lundi **12** *Mars*
STE JUSTINE

Matin

Après-midi

Mardi **13** *Mars*
ST RODRIGUE

Matin

Après-midi

Mercredi **14** *Mars*
STE MATHILDE

Matin

Après-midi

Jeudi **15** *Mars*
STE LOUISE

Matin

Après-midi

Vendredi **16** *Mars*
STE BÉNÉDICTE

Matin

Après-midi

Samedi **17** *Mars*
ST PATRICE

Matin

Après-midi

Dimanche **18** *Mars*
ST CYRILLE

Matin

Après-midi

Les conscrits aux pays de la terre glaise (Argile) - (suite)

Après l'examen passé avec succès et la photo souvenir chez un photographe, nous prenons le chemin de Verneuil à bicyclette à 15 kilomètres de La Châtre, avec pas mal de côtes, dont la célèbre côte d'Ars. Tous les trois sur nos vélos et moi ne pouvant pédaler avec mon accident de la veille, c'est Noël et Guy qui me poussaient chacun leur tour.

Arrivés à Verneuil nous devions réaliser notre projet, retrouver les filles de notre classe et passer une journée chez chacune d'elles ainsi que coucher (au foin ou à la paille) tous ensemble.

Sur notre parcours, d'une maison à l'autre nous récupérions des peaux (de lapins, de chevreaux) donnés gratuitement aux conscrits. Nous avions également un drapeau (confectionné par grand-mère Henriette) bleu, blanc, rouge avec les inscriptions « Conscrits de Verneuil sur Igneraie classe 50 ». C'est ainsi qu'ai lieu-dit « Les Loges » chez Céline (Linette) nous avions préparé du fromage blanc mélangé à du vin rouge du pays, que nous avons dégusté avec les voisins venus acclamer les conscrits. Après une journée et une nuit de chahutage, passage dans un autre village : chez Denise, puis Jeanine, Micheline, Odette, Pierrette et Suzanne. Après cette randonnée des conscrits l'idée nous vint d'aller voir le curé (réfugié venant des Ardennes) de Verneuil, un petit homme au grand cœur Mr le curé Linga, qui après nous avoir accueilli et levé le verre d'un très bon vin rouge, a accepté de conserver notre drapeau qui a été exposé dans le cœur de l'église.

Nous reprenons la direction de La Châtre pour vendre à un grossiste notre collection de peaux. Avec l'argent nous nous sommes offerts un très bon repas à Verneuil au restaurant-boulangerie Désiré. Quand à mon pied, il était complétement guéri après cette semaine de détente, j'ai oublié de vous dire que dans chaque maison de Verneuil où nous étions chaleureusement accueillis, qu'un petit verre d'eau de vie était destiné au lavage de la plaie.

Notre souhait le plus cher serait aujourd'hui à mieux de « 80 d'âge », se retrouver tous pour se remémorer ces souvenirs et biens d'autres encore.

Georges Hérisson

Trucs et astuces de Mémé

Nettoyez les meubles en rotin :

Mémé versait deux cuillerées à soupe de jus de citron dans un litre d'eau, elle en imbibait un chiffon, frottait et rincait.

Pour un nettoyage en profondeur, elle brossait son meuble en rotin avec du savon en paillettes dilué dans de l'eau salée afin que le rotin reste bien rigide.

le coin Cuisine

Gâteau à la confiture

Pour 4 personnes

250 g de farine
125 grammes de sucre
1 tasse de crème fraîche
1 paquet de levure
1 sachet de sucre vanillé
3 œufs
1 demi-verre de lait
3 c. à soupe de Kirsch
Confiture d'abricot

Mélanger la farine, la levure, les sucres.

Dans un autre récipient, battre les 3 œufs et ajouter la tasse de crème.

Incorporer le mélange œufs, crème à la farine.

Bien beurrer un moule rond, y mettre le mélange.

Laisser reposer 1/4 d'heure et cuire au four environ 1/2 heure en mettant sur le moule un papier d'aluminium.

Quand le gâteau est cuit, démouler, le couper dans l'épaisseur en deux tranches (dessus et dessous).

Arroser chacune des deux parties avec du lait aromatisé de kirsch.

Etendre sur la partie inférieure une couche de confiture d'abricots et recoller la partie supérieure.

Laisser refroidir.

le saviez-vous ?

Le cadran solaire

Il fut le tout premier objet utilisé par les hommes pour mesurer le temps et donc pour se repérer durant la journée ou la nuit. L'utilisation de cette technique remonte à l'antiquité et ce vraisemblablement avant le 3ème siècle avant Jésus Christ.

Le plus ancien cadran solaire serait appelé le gnomon et a été inventé par les Grecs qui furent les pionniers dans l'invention et l'utilisation de cette instrument de mesure du temps.

Il fut utilisé de la plus lointaine antiquité jusqu'au moyen âge, période durant laquelle furent créées les prémices de l'horlogerie mais les premières horloges étaient souvent accouplées avec les techniques des cadrans solaires.

Lundi 19 Mars — St Joseph

Matin

Après-midi

Mardi 20 Mars — Printemps

Matin

Après-midi

Mercredi 21 Mars — Ste Clémence

Matin

Après-midi

Jeudi 22 Mars — Ste Léa

Matin

Après-midi

Vendredi 23 Mars — St Victorien

Matin

Après-midi

Samedi 24 Mars — Ste Catherine

Matin

Après-midi

Dimanche 25 Mars — Annonciation

Matin

Après-midi

Le patois berrichon

Dans le haut moyen âge, une partie du Berry était sous influence occitane, mais l'incorporation de la province au domaine royal y a fait progresser le Français. Le berrichon est ainsi devenu exclusivement une langue d'Oïl, à l'exemption de la commune de Boussac, aujourd'hui en Creuse, qui marquait autrefois l'extrême sud de la province. Le patois est la langue qui a survécu dans nos campagnes, loin de l'influence parisienne et de l'évolution d'un français standard. Le patois berrichon déborde largement les frontières du Berry ; les linguistes distinguent cinq variantes du berrichon : le bourbonnais (Nord de l'Allier, Sud du Cher), le nivernais (Nièvre), l'auxerrois (Yonne ouest), le haut-berrichon (Sologne, Pays Fort et Sancerrois), le bas-berrichon (Indre et la Champagne du Cher)

Il demeure des traces de notre patois dans notre "Français régional", c'est-à-dire que le français usité dans le Centre retient des vieux mots que les autres régions et le français standards ont oublié.

Quelques vieux mots de patois :

Aff'ner : Rassasier
Alandier : Foyer du four du potier
Ambitionneux : Ambitieux
Amègé : Inquiet
Bagoul : "Bagou"
Barriau : Petit porte du jardin
Canche : Mare
Cancre : Usurie
Dégojarter : Vomir
Égaraché : Égaré
Égotasse : Pot pour égoutter les fromages
Forcir : Prendre du poids
Gelauder : Geler
Hounête : Honnête
Javouiller : Se quereller
Lavocher : Laver sommairement
Maladeux : Maladif
Margoulette : Larynx
Marmuser : Chuchoter
Mentes : Mensonges
Nijoton : Méticuleux
Nourrain : Jeune cochon
Oche : Oie
Ouche : Petit jardin potager derrière la ferme
Pauchon : Peu habile
Quincher du tétiau : Pencher de la tête
Quié-quia : Grive
Quioslet : Coulemelle
Rauches : Roseaux
Resse : Grande corbeille en osier
Selle : Planche pour frotter le linge
Vigoune : Clématite sauvage
Vruge : Vérue
Yeuve : Lièvre

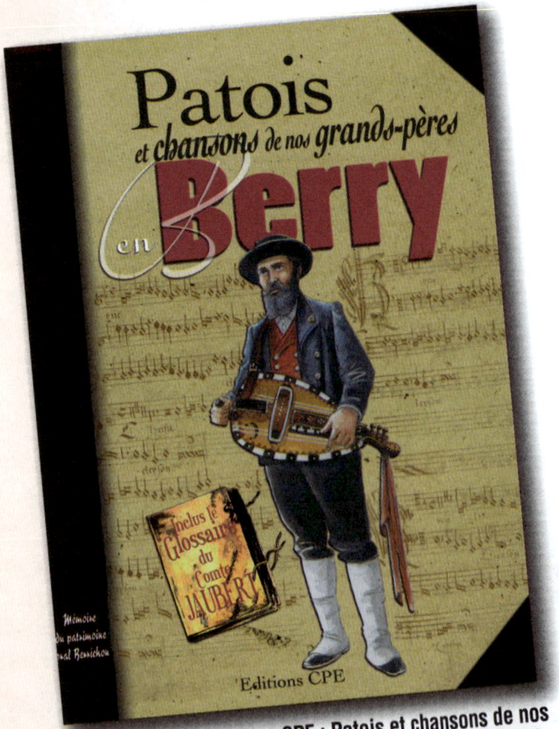

A lire, aux éditions CPE : Patois et chansons de nos grands-pères en Berry, un livre de Christophe MATHO, Daniel BERNARD et Jeanine BERDUCAT

Bisque de crevettes

Pour 4 personnes

250 g de crevettes cuites non décortiquées
4 tomates
1 oignon
1 gousse d'ail
Thym
Laurier
3 cuillérées à soupe d'huile
1 litre et demi d'eau ou de fumet de poisson
1 cuillérée à soupe de cognac
50 g de crème fraîche
Sel et poivre de Cayenne

Réservez quelques crevettes pour la décoration finale.

Enlevez la tête des autres.

Faites fondre à l'huile les tomates pelées et concassées, l'oignon émincé avec l'ail pilé, thym et laurier.

Ajoutez les crevettes préparées, mouillez d'eau ou de fumet, laissez cuire 30 min.

Passez le potage au mixer, filtrez, faites chauffer, ajoutez le cognac, la crème, l'assaisonnement au goût.

Joignez les crevettes réservées.

Vous pouvez faire de la même façon une bisque de petits crabes.

Les crabes vivants sont sautés à l'huile avant qu'on y ajoute les légumes (on peut y joindre 1 bulbe de fenouil).

Ils sont ensuite pilés dans une passoire avec les légumes, et les sucs recueillis sont ajoutés au bouillon de cuisson.

le saviez-vous ?

L'étang de Saloup

Situé en forêt de Tronçais, l'étang de Saloup est situé à la jonction de 5 ruisseaux. Conçu par le maître des forges de Tronçais, Nicolas Rambour, il était utilisé pour sa force motrice nécessaire aux forges. Le barrage (14 m de haut et 104 m de large)comprend 4 aqueducs construits en clé de voûte. L'étang tiendrait son nom du méchant seigneur de Mazières qu'on appelait sale loup. Ce seigneur serait tombé dans un ravin à l'emplacement de l'étang.

Mars 2012

Lundi 26 Mars — Ste Larissa

Matin

Après-midi

Mardi 27 Mars — St Habib

Matin

Après-midi

Mercredi 28 Mars — St Gontrand

Matin

Après-midi

Jeudi 29 Mars — Ste Gwladys

Matin

Après-midi

Vendredi 30 Mars — St Amédée

Matin

Après-midi

Samedi 31 Mars — St Benjamen

Matin

Après-midi

Notes

Les petits et les grands secrets d'une salle d'exception

Vous passez souvent devant sa façade imposante de calcaire blanc sans avoir jamais osé y pénétrer. Vous êtes peut-être, au contraire, l'un de ses habitués. Mais vous l'avez forcément remarqué. Ce bâtiment majestueux construit au sortir de la première guerre mondiale fait partie des édifices incontournables de la cité castelroussine. Situé rue Albert 1er, l'Apollo est une maison de l'image où le cinéma est roi ; les spectateurs, privilégiés ; l'histoire, palpable. Il n'attend que nous.

Tout commence en 1877 lorsque nait à Châteauroux Maurice Brimbal. Personne ne le sait encore à ce moment précis, mais devenu adulte, celui dont les cris résonnent alors au domicile de ses parents va révolutionner la vie de ses voisins et de tous les indriens. En effet, en 1895, il quitte la province pour monter à Paris où il doit faire son apprentissage d'horloger. A la fin du XIXème siècle, passer du Berry à la capitale se révèle une expérience déroutante à plus d'un titre. Pour Maurice, c'est un véritable choc. Il découvre les événements culturels, se rend au théâtre et au cabaret avec assiduité et voit, pour la première fois, un film de cinéma. Contaminé à jamais par le délicieux virus de l'art, il rentre à Châteauroux bien décidé à faire succomber sa cité aux assauts des neuf muses.

Avec des amis, il crée un cercle artistique, le Pierrot Noir, qui se transforme en quelques mois en un café-concert où le tout Paris (la troupe du Chat Noir de Montmartre) et le tout Berry (Gaston Couté et Maurice Rollinat) se produisent. Maurice Brimbal est également à l'origine de la création de deux revues, l'une satirique (l'An Caustique) et l'autre folklorique (le Gargaillou). En 1906, dans un lieu qui n'est rien de plus qu'un hangar aménagé, il monte son premier cinéma, l'Olympia, rue de la Gare avant qu'un projet d'envergure ne retienne son attention. Son idée ? Un vrai cinéma... en dur ! Avec une façade en pierre et le reste du bâtiment en béton. Or, à cette époque, cette matière première n'est guère utilisée. Lorsque l'architecte du projet réalise que Maurice Brimbal veut faire son Apollo en béton, les deux hommes ont des échanges animés et les noms d'oiseaux fusent. Pour l'architecte, c'est presque une hérésie ; un bâtiment en béton ne tiendra jamais plus de vingt ans. Doté de quatorze décors et susceptibles d'accueillir jusqu'à 1 000 personnes, l'Apollo ouvre pourtant ses portes le 11 septembre 1920.

Maud Brunaud

Image d'hier !

Un Prince en cuisine

Dans ces années-là, une séance de cinéma ne ressemble guère à celle d'aujourd'hui. Il y a un entracte et des petits spectacles ont lieu sur la scène qui ressemble plutôt à un petit théâtre. C'est ainsi que le 4 janvier 1933, Sarah Caryth, une dompteuse de fauve, propose aux spectateurs un numéro très... original. Prince, l'un de ses lions, s'est cassé les crocs sur les barreaux de sa cage ; il doit se faire opérer. Sarah invite donc le public à assister à l'intervention qui a lieu sur le proscenium du cinéma. Elle contacte un dentiste castelroussin, Georges Palmier, qui accepte de placer de fausses dents en or dans la gueule du roi des animaux. Les Actualités Pathé se déplacent pour filmer ce moment d'anthologie. Le gendre de Maurice Brimbal, Mr Barbot, se souvient encore de cette séance qui lui laisse un très mauvais souvenir... A la suite de complications post-opératoires, Prince devient agressif et doit être abattu quelques jours plus tard. Ni une ni deux, sa propriétaire fait appel au chef du restaurant, l'Hôtel de France afin qu'il « cuisine » le lion. Les places sont vendues à prix d'or et Prince, transformé en côtelettes, connaît un grand succès auprès des « gastronomes » berrichons.

Lorsque la guerre frappe une nouvelle fois l'Europe, l'activité de l'Apollo n'en est pas réduite pour autant. Certes, les films proposés ne sont pas très variés et soumis au contrôle de l'autorité mais la fréquentation connaît de fastes années. A cette période troublée, on a plus que jamais besoin de se changer les idées. L'Apollo est aussi très prisé parce qu'il est chauffé.

Rénové puis vendue en 1968, la salle appartient désormais à la ville qui y programme des longs-métrages d'Art et d'Essai. Son succès ne se dément pas. Et n'en déplaise à l'architecte de Maurice Brimbal, l'Apollo de béton est toujours là et il fallait bien une volonté de fer pour le faire traverser les âges ainsi.

Maud Brunaud

Pratique :
4, rue Albert 1er - 36000 Châteauroux
Tel : 02 54 60 18 34.
Site : www.apollo-maisondelimage.org

Image d'hier !

Sciage et découpe à la scie sauteuse

La scie sauteuse est l'outil le plus polyvalent qu'il soit pour le bricoleur, elle permet toutes les découpes : droites, courbes, de biais, etc. Mais attention, elle n'est pas destinée aux gros débits.

Pour scier en toute sécurité, il faut avant tout poser le morceau à scier sur une surface stable et bien le maintenir fixe.

Tout d'abord tracez avec précision votre découpe, tenez bien compte de l'épaisseur de la lame qui peut être de 1,8 mm à 2 mm.

Si vous voulez découper en ne partant pas d'un bord, mais en plein milieu de la pièce, pour l'amorce faites un trou avec une mèche pour permettre le passage de la lame de scie.

Si vous découpez une ouverture "fenêtre" dans un panneau, l'avant-trou sera percé à l'intérieur de votre tracé.

Si vous découpez une forme pleine, l'avant-trou sera percé à l'extérieur du tracé.

En règle générale, il vaut mieux scier du côté tombant du tracé, il est toujours facile de poncer pour obtenir des côtés exacts.

Pour obtenir une découpe rigoureusement droite, utilisez un guide, soit celui de la machine, soit en fixant temporairement un tasseau comme guide.

Pour les découpes circulaires, il existe des sortes de compas qui s'adaptent sur la scie, ce qui permet de découper des cercles parfaits.

Pour les panneaux d'aggloméré, de contreplaqué ou de stratifié, vous pourrez les découper sans éclat si vous prenez soin de placer le parement côté visible du travail. Vous pouvez aussi coller un adhésif de 3 à 4 cm, tracer votre découpe sur ce collant et découper par-dessus. Une fois terminé enlevez l'adhésif, c'est nickel !

Avril

Travaux divers

Dans les terres assainissement du sol et écoulement des eaux de pluie de printemps. Effectuez les labours de déchaussage. Tracez et tirez les cavaillons. Les premières tontes de gazon sont précieuses pour maintenir l'humidité autour des jeunes arbres
Elaguez les arbres dont les branches surplombent le dessus des murs.
Sur vos terrasses, préparez votre jardin d'été.

Potager

Butez et poncez également les fèves au-dessus du cinquième ou sixième bouquet.
Semis en pleine terre : betterave, céleri-rave, chou pommé et de Bruxelles, rutabaga, cresson, haricot hâtif, navet demi-long, oignon de couleur, cerfeuil, chicorée diverses.
C'est la bonne époque pour créer un carré d'asperges.

Verger

Terminez la taille des poiriers, pêchers et autres variétés vigoureuses.
Continuez les greffes en fente. Ebourgeonnez le pêcher et le poirier en pyramide ou en espalier.
A la fin du mois, exécutez le premier traitement de printemps des arbres fruitiers.
Travaux de récolte : consommez les derniers fruits, pommes et poires.

Fleurs

Taillez court les rameaux d'hortensias. Pour obtenir des bleus, cultivez-les en terre de bruyère avec un produit en vente dans le commerce.
Semez en place les belles-de-nuit, bouturez le géranium et les verveines.
Les tulipes ainsi que les liacées bulbeuses commencent à fleurir et les cyclamens repiqués seront mis en place au jardin en mai.
Dans les jardins aquatiques divisez les plantes telles que nénuphars ou lotus jaunes.

Le jeu du mois d'avril

Solution page 128

OPLUE GELSIÈ LISOLE
LIEA NOIPUSS
CHLOCE QUESPÂ
QOC FŒU

Tous ces noms sont dans le dessin. Pour retrouver chacun de ces mots, remettez les lettres dans le bon ordre.

Avril 2012

Vent de Bise,
aussitôt que tu souffles,
Le poisson abonde
dans les barques.

Bélier
du **21** mars
au **20** avril

Taureau
du **21** avril
au **21** mai

D'après les étymologistes, le nom de ce mois viendrait du mot latin *" aperire "*, ouvrir, parce que la terre ouvre son sein et se pare de fleurs, le printemps étant là. Les Romains l'avaient consacré à Vénus. Et pourtant, il était figuré par un homme qui semblait danser au son d'un instrument. On trouve souvent dans d'anciennes poésies l'expression " d'avril " pour désigner le printemps même.

L'opinion publique est un composé de folies, de sagesse, de sentiments faux, de sentiments justes, d'obstination et de paragraphes dans les journaux.

[Sir Robert Peel]

Les Rameaux

De même que Carnaval marquait la fin de l'hiver, les fêtes de Pâques marquait le renouveau printanier. Elles ont aujourd'hui perdu l'essentiel de leur signification ; tout au plus subsiste-t-il des anciennes coutumes celle de cacher dans le jardin des œufs en chocolat que chercheront les enfants ; encore faut-il que l'on ait un jardin ; mais du temps que la France était majoritairement rurale - c'était encore vrai il y a un demi-siècle - les fêtes pascales étaient dans nos campagnes un moment essentiel de l'année.

Le jour des Rameaux, par exemple, tous les hommes des villages allaient à la messe. Pour beaucoup, c'était l'unique fois de l'année où ils fréquentaient l'église. Vous savez sans doute que le prêtre procède à la bénédiction des rameaux. Ce sont des rameaux de laurier que l'on apporte. Après quoi, le laurier, que la bénédiction avait doté d'un certain nombre de vertus protectrices, était dépouillé de ses branchettes qui étaient réparties un peu partout : derrière les crucifix qui ornaient les chambres de la maison, souvent aussi aux portes des granges et des étables. Ils protégeaient de l'orage, du feu, des sortilèges. Ils servaient enfin à asperger les défunts avant leur départ pour le cimetière.

Il y avait beaucoup d'autres traditions, toujours en rapport avec l'idée du renouveau, qui s'attachaient au temps de Pâques. Il fallait, par exemple, veiller à toujours sortir, ce dimanche-là, avec sur soi, quelque chose de neuf, comme une chemise ou un chapeau, pour les moins riches, ou la tenue complète de la tête au pieds pour les plus aisés : on entrait ainsi, renouvelé, dans une période nouvelle.

La maison aussi faisait l'objet de nombreux soins : c'était le grand nettoyage de printemps.

C'est peut-être aux Phéniciens, qui adoraient le Créateur sous la forme d'un oeuf, que nous devons les oeufs de Pâques. Suivant leur croyance, la nuit, principe de toutes choses, avait engendré un oeuf, d'où étaient sortis l'amour et le genre humain.

Notes

Dimanche **1er** *Avril*
St Hugues

Matin

Après-midi

La vache de la presle ou bíen La vache et le mílan

Çui qui n'en va pourmener à l'étang d'la Presle, à Saint-Georges sur Arnon, il argarde taleure qu'une ben envoyeuse vardure lavoù qu'el' tourisse vin' arposer sa couenne ou ben peucher l'guerluton ou la parchaude.

A vouèr tou coum' ça, ben ourdouné anc' ceu cabagnons mignons et les âbes ben écornés, on d'vin'rait ti qu'auterfouès ça l'tins qu'marchais ben porfonds farcis d'sangsues, d'caqueziaux, d'guernouilles et pis d'grapiauds ? Anc' au meilleu une chave telle qu'un chvau il aurint pu s'y neyer !

Just' en couté y s'tenait l'endret des Soudis où qu'el pée Chassiot i yel'vait des vach's ben passées cheu l'maquignon. L'pée Chassiot ça l'tint un pésan dret et qu'œmait ceu bestiaux. Dans c'temps d'noute istouère, dans son troupiau y'avint une gente vach' aux belles mirettes et à la r'moueille ben gironde. Vré, une bète que valait à terbasse et dont qu'i l'tait ben faraud.

Un jour que c'te Blanchette a lichait à l'embreuvoir, tout cont' la clôture du pâtusiau, v'la ti pas n'un milan gûché sul' faît d'une oubier de c'te Presle qui l'arreuillait. L'ouèsiau i l'tin point vilain, ben jaboté anc' d'biaux plumiaux su'l'bobignon, i bousinait coum' ça tout bellement en flubant...

Le vl'a qui lance tout à trac : « Oh ma Blanchette, t'en a ti un bo mantiau, sans berlaud'ries c'est bremment toué la pus bell' ed'tous ceux cotiaux ». Toute étounée, au début la Blanchette a s'est démifiée, a trouvait ben c'milan un bout ch'nassou... Mais l'lend'main il t'in encor' là à dégoiser ceu boniments... Et tout la s'maine encore « T'as ti l'cuissot vardilleux Blanchette », «Coum' t'a l'sabiot élégant » essetéra essetéra...

Tant si fait que l'cœur d'nout' Blanchette il a coummencé à branciller et que l'en v'la tout' enr'tournée... Pas créyab' quément qu'a s'est nenmourachée de c'vanau... Tous les jours a v'né s'fée conter fleurette et s'envoyer des ch'tits bécots.

Seument, c'est que l'pée Chassiot i trouvait sa vach' ben berloquée « Ma Blanchette te v'la ben agitée, va fallouér nous fé des p'tits viaux. D'main j't'amène el'taurau ! ». D'un coup c'te pov' vach' la v'la tout' affiolée « Quoué ? C'grous trainiau m'bricoler ? A cré non ! ». A l'ornaille en roumouniant « Et tchi qu'y va penser d'moué, mon coquin milan ? ». Oh, la v'la anc' el'vézon, a l'i tint pus et la nuit a saut' el'barriau et s'enfonce dans c'te Presle tout' patouilleuse pour y r'trouver son diseu d'fabliaux.

Trucs et astuces de Mémé

Une boisson hygiénique :

Dans deux litres d'eau Mémé faisait bouillir un litre de baies de genièvre. Elle ajoutait 80 grammes de sucre et laissait fermenter. Elle écrasait complètement 5 kg de cerises avec les noyaux et les queues, cinq kilos de groseilles et cinq kilos de cassis. Ensuite elle ajoutait cette mixture à l'eau de genièvre, elle brassait énergiquement et laissait fermenter. Elle ajoutait 5 litres d'eau.

El matin d'anprès c'est nout' pée Chassiot qu'est tout corlutté d'point trouver sa vach' dans l'pré. I baillait sous son chapiau : « Lavoù don qu't'es Blanchette ? Arvins vite ! ». Point d'réponse, pour sûr. A forc' ed'fiauner i dépeint les traces d'la

bète que s'enfoncent dans l'marchais « Point d'doutance, al'est quieupart là d'dans... ».

Y'avait péri à s'bouler tout sol dans c'gouillat, qu'fallait margoiller sur les balais et les solées... El bounhoume i s'en va quéri les vosins, les pompiers, les émis et minme el'maire ! Z'étins pus d'un vingt à s'entayer dans la bournille a pus pouvouér s'en dépater. Ca furetins tout rasouillés jusque mi-culotte entermi les brémailles et les ortuges. Et jusqu'à des points d'heur' ! Mais yon rin trouvé, pas pus d'Blanchette que d'Saint-Guerlet... Arrivés dedvant la chave en plein mitan, yon finit par dédire qu'la vach' yell avait foncé pis cuervé tout' envalée.

L'pov' pée Chassiot i l'tait ben près d'terbelli'. Sa jolie Blanchette défunctée...Tout aguerlombi i s'agrichint aux pompiers en chiaulant. Pensez don, une bète coum la Blanchette, dame y'allait point en r'vouér une avant longtemps... Lui qu'dérèvait d'un coustume neu, d'souyers, d'une chémie et d'un paletiau, y va d'vouer rester à tout'i'fau...

Tout ça m'direz-vous, c't'assurément ben trisse... Oui-da, mais moué j'dis qu'si ceux animiaux-là l'avins été moins biroeils, i yauraient ben vu qu'el milan il l'tint pus là. Et pis si y'avins encouté l'écurieux ou l'chavant, i y'aurins ben su qu'la Blanchette a l'tait point au fond d'la mouillère... Mais qu'pardi, a s'étint envoulée anc' son bo moniau !!

Christian Benz

le saviez-vous ?

Femmes sous tutelle

Les Romains avaient voulu que la femme « à cause de la légèreté de son esprit » fût soumise à une tutelle perpétuelle : fille, elle était « en puissance » de son père ; mariée « dans la main » de son mari. Chez nous, la tutelle prit le nom de « mainbournie ». Au moyen-âge, un privilège précieux fut, en matière juridique, conféré à la femme veuve : même vassale du seigneur, elle avait le droit, si elle se défiait de sa justice, de s'adresser directement soit à la cour du roi, soit aux cours d'Eglise. Puis, peu à peu, la loi s'adoucit et la tutelle perpétuelle de la femme tendit à disparaître.

Lundi 2 Avril — STE SANDRINE

Matin

Après-midi

Mardi 3 Avril — ST RICHARD

Matin

Après-midi

Mercredi 4 Avril — ST ISIDORE

Matin

Après-midi

Jeudi 5 Avril — STE IRÈNE

Matin

Après-midi

Vendredi 6 Avril — ST MARCELLIN

Matin

Après-midi

Samedi 7 Avril — ST J.-B. DE LA S.

Matin

Après-midi

Dimanche 8 Avril — PÂQUES

Matin

Après-midi

Avril

Lundi 9 Avril
LUNDI DE PÂQUES

Matin

Après-midi

Mardi 10 Avril
ST FULBERT

Matin

Après-midi

Mercrerdi 11 Avril
ST STANISLAS

Matin

Après-midi

Jeudi 12 Avril
ST JULES

Matin

Après-midi

Vendredi 13 Avril
STE IDA

Matin

Après-midi

Samedi 14 Avril
ST MAXIME

Matin

Après-midi

Dimanche 15 Avril
ST PATERNE

Matin

Après-midi

Des mets traditionnels en Berry

Sous l'influence d'une cuisine dite bourgeoise assimilée par les employées de maison, grâce au savoir-faire des aubergistes de village, une cuisine régionale s'élabore en utilisant les multiples ressources des terroirs. Si cette évolution a fait disparaître des mets traditionnels, d'autres ont survécu jusqu'à nos jours. On ne mange plus la fromentée si souvent évoquée par George Sand. En 1845, dans Le Meunier d'Angibault, elle note : « Madame de Blanchemont suivit ses hôtes à la maison, et trouva un excellent déjeuner servi sur une table massive recouverte d'une nappe bien blanche. La fromentée (le mets favori du pays), pâte compacte de blé crevé dans l'eau et habillé dans le lait, le gâteau de poires à la crème poivrée, les truites de la Vauvre, les poulets maigres et tendres, mis tout palpitants sur le gril, la salade à l'huile de noix bouillante, le fromage de chèvre et les fruits un peu verts ; tout cela parut exquis au petit Edouard. »

Fabrication traditionnelle du pâté de Pâques. (Cliché Daniel Bernard)

Aujourd'hui, beaucoup de boulangers de l'Indre vendent encore le fameux pain béni qui était consommé lors des fêtes de Saint Vincent ou Saint Blaise. Toute l'année, on trouve aussi chez les charcutiers et boulangers, le pâté de Pâques qui a pris maintenant le nom de pâté berrichon. Sous une croûte dorée, des moitiés d'œufs durs reposent sur un hachis de viande assaisonné. L'usage semble en être fort ancien. On en trouve une description dans les écrits de Chalumeau, un agronome local en l'an VII : en fin de repas, « les salades, les pâtés fait à la graisse, le pays ne produisant pas de beurre, remplis de viandes et d'œufs durs coupés par moitié, selon l'usage, les fromages de chèvre, les fruits tels quel, ont succédés aux rôtis ».

Ne devrait-on pas aussi évoqué les truffiats ou pâtés aux pommes de terre, les citrouillats (pâtés à la citrouille), les poumats (aux pommes) ou les poirats. Mangés avec de la crème poivrée, ces pâtés aux poires sont d'une consommation traditionnelle et ancienne : George Sand les appréciait particulièrement.

Des restaurateurs berrichons remettent à l'honneur des mets anciens comme le poulet au sang ou en barbouille, la carpe de Brenne farcie, les oeufs à la couille d'âne ou la tarte aux barriaux... Des saveurs oubliées, des produits de terroirs qui nous rattachent à nos racines...

Daniel BERNARD

le coin Cuisine

Cake aux raisins

Pour 4 personnes

30 g de raisins de Corinthe
30 g de raisins de Smyrne
1 sachet de sucre vanillé
15 g d'écorces d'oranges confites
15 g d'angélique confite
15 g de citron confit
200 g beurre mou
250 g de sucre en poudre
3 œufs
175 g de farine
1 sachet de levure

Faire macérer les raisins et les fruits confits dans du rhum pendant 24 heures.

Mélanger ensemble, jusqu'à consistance mousseuse, le beurre réduit en crème, avec le sucre en poudre.

Y ajouter, ensuite, 3 œufs, un par un.

Lorsque le mélange est bien, y joindre les fruits, puis la farine et la levure.

Garnir un moule à cake de papier sulfurisé beurré, y verser la pâte.

Laisser reposer 1/4 d'heure et cuire à four modéré 50 minutes environ.

Trucs et astuces de Mémé

Fabriquer son propre cirage :

Pour nettoyer les chaussures, Mémé fabriquait son cirage : elle faisait bouillir 30 centilitres d'huile de lin, qu'elle laissait refroidir. Ensuite elle ajoutait 30 centilitres de vinaigre et elle mélangeait le tout.

Il ne restait plus qu'à appliquer cette mixture sur les galoches avec un chiffon doux puis à faire reluire.

Le saviez-vous ?

Le tour de France

Il est encore passé en Berry en 2011 pour le plus grand plaisir de tous. Savez vous que le premier tour de France cycliste est parti de Montgeron à côté de Villeneuve St Georges, le premier juillet 1903 avec une soixantaine de coureurs. Le vainqueur devant toucher 3000 francs.

La course compte alors 2 428 km en six étapes sur 19 jours. A l'arrivée à Paris il ne reste que 21 concurrents et c'est Maurice Garin qui remporte ce premier tour de France. Le maillot jaune ne sera instauré qu'en 1919 et le dérailleur ne sera utilisé qu'en 1927.

Lundi 16 Avril
ST B.-JOSEPH

Matin

Après-midi

Mardi 17 Avril
ST ANICET

Matin

Après-midi

Mercredi 18 Avril
ST PARFAIT

Matin

Après-midi

Jeudi 19 Avril
STE EMMA

Matin

Après-midi

Vendredi 20 Avril
STE ODETTE

Matin

Après-midi

Samedi 21 Avril
ST ANSELME

Matin

Après-midi

Dimanche 22 Avril
ST ALEXANDRE

Matin

Après-midi

Avril

Lundi **23** Avril
ST GEORGES

Matin

Après-midi

Mardi **24** Avril
ST FIDÈLE

Matin

Après-midi

Mercrerdi **25** Avril
ST MARC

Matin

Après-midi

Jeudi **26** Avril
STE ALIDA

Matin

Après-midi

Vendredi **27** Avril
STE ZITA

Matin

Après-midi

Samedi **28** Avril
STE VALÉRIE

Matin

Après-midi

Dimanche **29** Avril
ST CATHERINE DE S

Matin

Après-midi

Les souvenirs de Georgette, grand-mère berrichonne

Georgette a 78 ans. Elle habite La Châtre. Elle aime lire les romans de George Sand et surtout ceux qui parlent de la vie quotidienne d'autrefois, celle qu'elle ou ses parents ont connu. Au détour d'une page, elle se met à rire. « Quand je pense que j'ai fait la même chose, il y a 54 ans.» De quoi parle-t-elle ? Je l'interroge doucement pour le savoir. « De la cérémonie des relevailles !... Tu connais, ça, toi, bien sûr ?... » Devant ma mine déconfite, elle décide de m'expliquer. « Après la naissance d'un enfant, une femme était considérée comme impure. Elle devait donc se rendre à l'église où le prêtre disait des prières de purification. Elle était ensuite seulement autorisée à pénétrer de nouveau dans l'édifice et à assister à la messe... Ma fille a 54 ans et moi, sous la pression de mes grands-parents, lorsqu'elle est née, une quinzaine de jours après, à Saint-Christophe-en-Boucherie, je suis allée voir l'abbé de Bourges pour qu'il procède à la cérémonie. D'ailleurs, ma sœur a fait pareille pour son premier né. C'était une tradition mais à présent, je trouve ça si ridicule. Avoir un enfant est une bénédiction. Il n'y a rien d'impur là dedans. » Georgette continue sa lecture et m'en fait profiter. « Tu sais que normalement les femmes qui n'avaient pas encore été aux relevailles ne devaient pas toucher leurs enfants et ne pas manger avant la cérémonie. Elles s'exposaient à un grand malheur sinon... Ouf, moi, j'ai échappé à ça quand même ! »

Georgette tourne quelques pages et tombe sur une autre anecdote qu'elle a elle-même vécu. « Dans mon enfance, au moment d'un décès, les charrons ou les menuisiers laissaient de petits croix de bois de 20 à 25 cm que les habitants devaient aller planter au pied de la grande croix du village. Des croix comme ça, il y en avait partout à cette époque-là, à tous les carrefours. Comme ça, lorsque quelqu'un passait, il savait immédiatement qu'il y avait eu une disparition dans la commune ou les environs. »

Georgette se souvient de tant de moments, de la voiture à cheval de son père, des fêtes populaires, des beignets que sa mère lui faisait et qu'elle dévorait jusqu'à l'indigestion... Tant de clichés instantanés, de détails qu'elle note consciencieusement sur des carnets... pour ses enfants, pour qu'ils sachent comment c'était avant, le Berry d'antan.

Maud Brunaud

Trucs et astuces de Mémé

Un shampooing antipuces :

Mémé était toujours entourée de ses deux chiennes : Galice et Linda. Lorsque celles-ci attrapaient des puces, Mémé fabriquait un shampooing antipuces : dans un récipient, elle mélangeait 20 gouttes d'huile essentielle de citron à une base de lavande neutre, elle faisait un 1er shampooing aux chiennes et 48 h après un second..

le coin Cuisine

Soupe à l'échalote au fromage

Pour 4 personnes

400 g d'échalotes
50 g de beurre
1 cuillérée à soupe de farine
1 litre 1/2 de bouillon de bœuf
Sel et poivre
4 tranches de pain de campagne
100 g de gruyère ou de comté râpé
Persil

Pelez et émincez les échalotes.

Faites-les dorer dans le beurre chaud sans les laisser brûler en remuant à la cuillère en bois.

Saupoudrez de farine et continuez à remuer jusqu'à ce qu'elles prennent couleur.

Mouillez alors de bouillon et portez à ébullition.

Vérifiez l'assaisonnement, laissez cuire doucement pendant 15 min et ajoutez le persil haché.

D'autre part, faites griller les tranches de pain.

Déposez une tranche dans chaque assiette.

Répartissez le fromage par-dessus, versez le potage bouillant et servez sans attendre.

Avril 2012

Lundi 30 Avril
ST ROBERT

Matin

Après-midi

Notes

Le saviez-vous ?

Ainay-le-Vieil, « le petit Carcassonne »

Aux confins du Berry et du Bourbonnais, le château d'Ainay-le-Vieil dresse ses remparts à mi-chemin de Bourges et de Montluçon, sur le bord occidental de la vallée du Cher. Passé le porche d'entrée, le château aux neuf tours, surnommé « le petit Carcassonne » apparaît dans toute sa splendeur.

Construit vers les 12ème et 13ème siècles sur un emplacement où existaient des fortifications plus anciennes, le château appartient successivement aux Bourbons, aux des Barres, aux Seuly (ou Sully), aux Culant et à Jacques Cœur avant de passer aux Bigny dont les descendants l'occupent encore.

brico lage

Installer de fausses poutres en polyuréthane

Idéales pour masquer des câbles ou des tuyaux, les fausses poutres en polyuréthane font illusion tout en rajoutant une touche décorative à votre intérieur.

Pour commencer, dépoussiérez votre plafond à l'aide d'un balai souple ; si le plafond est vraiment sale vous pouvez le nettoyer avec de la lessive de type Saint-Marc.
Mesurez votre plafond et comptez le nombre de poutres que vous désirez, afin de calculer les intervales.
Déterminez l'emplacement de vos poutres et reportez les tracés de leurs bordures au plafond à l'aide du niveau à bulle, de la règle de maçon et du mètre.
Grattez ensuite légèrement la surface située entre vos tracés, là où sera fixée la poutre, afin que la colle adhère mieux puis passez-y un coup de balai.

Avec votre égoïne, découpez chaque poutre en fonction de la longueur de son emplacement (cette dernière a tendance à varier car les pièces sont rarement parfaitement d'équerre).
Soyez très minutieux lors de votre découpe pour ne pas abîmer le polyuréthane.

Déposez des petits points de colle sur tout le long de votre poutre.
Installez la poutre et pressez-la fermement contre le plafond jusqu'à ce que la colle prenne, en suivant les indications du fournisseur.
Procédez ainsi pour toutes les poutres.

Lorsque toutes vos poutres sont bien fixées au plafond, bouchez l'interstice entre les poutres et les bordures du mur à l'aide d'une jointure que vous réaliserez à l'aide d'un mastic silicone.
Enfin vous vernirez, peindrez ou lasurerez les poutres comme bon vous semblera.

côté jardin

Mai

Travaux divers

C'est l'époque où il faut réitérer les binages et les sarclages ; il faut à tout prix détruire les végétations adventives avant qu'elles se soient transformées en porte-graines.
Arrosez déjà plus abondamment le matin de préférence.
Apportez en terre les cendres de bois, ne les mélangez pas.
Tondez et roulez la pelouse tous les huit ou dix jours.

Potager

Liez les chicorées et les romaines repiquées en avril.
Ramez les pois semés en mars-avril. Pincez les fèves.
Semis en pleine terre : betterave à salade (automne-hiver), épinard d'été (juin-juillet), haricots verts ou secs (juillet-octobre).
Citrouilles, courges, melons seront plantés dans des trous chargés de fumier dans un endroit ensoleillé.

Verger

Supprimez les fruits noués en trop grand nombre sur les pêchers et les abricotiers en espalier.
Surveillez les greffes en fente et la forme des arbres taillés. Enlevez toutes les pousses inférieures à la greffe. Traitez contre les pucerons, deux ou trois fois durant le mois les cerisiers et les pruniers.
Apportez des fumures riches en ammoniaque aux pieds de tous vos arbres fruitiers.

Fleurs

Semez à bonne exposition les fleurs vivaces telles que aconit, campanule et giroflée. Encore quelques jours, laissez passer les gelées et vous pourrez planter les jacinthes d'eau dans votre bassin de jardin. Repiquez en pleine terre : fuchsias, genêts, hortensias.
Les bulbes de printemps défleuris seront arrachés et replantés dans un endroit plus isolé.

Le jeu du mois de mai

Solution page 128

	U	L	i			1
	E	N			E	2
			M	i	N	3
S		L		i		4
	U	G	U			5
C		O			S	6
A			L		E	7
	A		L	i		8

	U	L	i		
	E	N			E
			M	i	N
S		L		i	
	U	G	U		
C		O			S
A			L		E
	A		L	i	

Mai

Si l'hirondelle n'arrête pas de crier, Prends ta capuche et tes souliers.

2012

Taureau du **21** avril au **21** mai

Gemeaux du **22** mai au **21** juin

Selon certains, on le nomma *" maïus "*, en l'honneur des sénateurs qu'on appelait *" majores "*. D'autres, au contraire, prétendent que mai vient du nom de la déesse Maïa, fille d'Atlas, et mère de Mercure. Ce mois était placé sous la protection d'Apollon, et personnifié sous la figure d'un homme entre deux âges, vêtu d'une robe ample à grandes manches, et qui portait une corbeille de fleurs sur la tête.

Il vaut mieux mettre son coeur dans la prière sans trouver de paroles que trouver des mots sans y mettre son coeur.

[Gandhi]

Les promesses de mai

Autrefois, dans nos campagnes, la jeunesse célébrait le mois de mai avec un faste particulier. La fête était belle et joyeuse. Elle l'était d'autant plus qu'il n'y a pas de plus belle saison pour les amours, de plus beau moment pour se promettre fiancailles et épousailles.

Dans la nuit précédant le 1er mai, les jeunes gens des campagnes accrochaient des " mais ", bouquets de branchages ornés de guirlandes, au-dessus de la porte des maisons où vivaient de belles et jeunes filles. Et l'on avait grand soin d'accrocher autant de " mais " qu'il y avait là de filles à marier. Bien évidemment, le garçon amoureux s'appliquait à réaliser un " mai " plus beau que celui des autres à l'intention de celle qui tourmentait ses nuits et qu'il avait l'intention de séduire.

Le dimanche suivant, ou encore lors de la fête patronale du pays, les jeunes gens faisaient, au rythme du tambourin et du violon, la tournée de ces maisons. Les jeunes filles devaient alors se montrer et venir danser leur " mai ". Puis elle remettait à l'un des garçons quelques pièces de monnaie.

La donatrice la plus généreuse voyait le lendemain sa maison ornée du " Beau Mai de la Danse ".

Auparavant dans la soirée, toute cette jeunesse -garçons et filles- se retrouvait au cabaret ou sur la place du pays pour dîner et danser, cela grâce à l'argent de la collecte de la journée.

Une superstition, qui se perpétue dans quelques provinces, fait considérer comme funestes les mariages contractés en mai. On dit " noces de mai, noces mortelles ". C'était dans ce mois que les Romains fêtaient les Lémuriennes, que Romulus avait instituées pour se délivrer de l'ombre plaintive de son frère assassiné. Ovide, dans ses Fastes, dit : « Que les vierges ou les veuves se gardent bien d'allumer dans le mois de mai les flambeaux de l'hyménée, ils se changeraient aussitôt en torches funèbres. »

Les saints de glace :

En mai si à lhorizon se dessinent les douces températures du printemps, quelques résidus de la rude saison sont susceptibles par surprise de nous jouer de vilains tours. Qui na jamais dit « Mi-mai, queue dhiver » ? Ces résidus, on les appelle les saints de glace et le tiercé gagnant se situe les 11, 12 et 13 mai avec Mamert, Pancrace et Servais.

Mai

Notes

Mardi **1er** *Mai*
FÊTE DU TRAVAIL

Matin

Après-midi

Mercredi **2** *Mai*
ST BORIS

Matin

Après-midi

Jeudi **3** *Mai*
STS PHILIPPE, JACQUES

Matin

Après-midi

Vendredi **4** *Mai*
ST SYLVAIN

Matin

Après-midi

Samedi **5** *Mai*
STE JUDITH

Matin

Après-midi

Dimanche **6** *Mai*
STE PRUDENCE

Matin

Après-midi

Là où Aurore devînt Sand

Suite page 50

Il aurait pu, purement et simplement, être rasé, ne trouver grâce auprès d'aucun de nos contemporains et être remplacé par un charmant petit lotissement fonctionnel et sans âme. Certains se seraient élevés contre cette hérétique destruction et puis... le temps aurait passé. Le souvenir du Petit Coudray se serait estompé jusqu'à être totalement gommé par les années. Le panneau indiquant le lieu-dit serait encore en place, le reste aurait disparu dans un livre d'histoire poussiéreux. Mais voilà, ce « château » qui en fait, ressemble plus à une vaste demeure bourgeoise qu'à un ersatz médiéval, a été sauvé par deux... « fous », comme ils se décrivent eux-mêmes. De « fou », Lydie et Pierre Rauzy n'en ont pourtant ni la tête ni les manières. « Dans les années 80, nous étions instituteurs en région parisienne et cherchions une fermette pour passer nos vacances. On en a visité une dizaine en vain. Un jour, notre notaire nous dit : « vous qui aimez les vieilles pierres, j'ai une curiosité qui vient de rentrer, venez la visiter ». Cette curiosité, c'était le Petit Coudray. Il n'avait pas été habité depuis cinquante ans. Des gravats jonchaient le sol. Le plafond de l'étage s'écroulait. Mais... il nous a émus. » Ils font donc une proposition et à leur grande surprise, elle est acceptée. « Je crois surtout que les clients ne se bousculaient pas » confie Pierre dans un sourire entendu. Peu importe ! Le 3 janvier 1981, ils deviennent propriétaire d'un château. A l'abandon, certes, envahi de ronces, effectivement, gangréné par l'humidité, c'est un fait... mais un château d'Histoire, cependant.

Ancienne capitainerie, Le Petit Coudray, sur la commune de Verneuil sur Igneraie, à quelques pas de Nohant et La Châtre, existait déjà au XIIIème siècle. Selon toutes probabilités, il avait dû être érigé pour sécuriser le gué sur l'affluent de l'Indre. Fin XIV-début XVème siècle, il est reconstruit. La raison ? « Nous n'avons aucune information sur ce point, explique Pierre. C'était peut-être à cause d'un incendie, d'une bataille... toutes les hypothèses sont envisageables. » Pour cette période, l'histoire est lacunaire. Ce n'est qu'à partir du XIXème que les Rauzy commencent à obtenir des éléments précis sur la vie de leur château. « Il a été acheté en 1808 par Charles-Nicolas Robin-Duvernet, receveur particulier à La Châtre, qui souhaitait en faire sa maison de campagne. Il y recevait beaucoup, notamment des amis de la famille comme les Dupin de Francueil. » Ce nom ne vous est pas inconnu, je pense... Les Dupin de Francueil, Aurore Dupin de Francueil, baronne Dudevant qui adopte, pour vivre de sa plume, un pseudonyme masculin...

Trucs et astuces de Mémé

Pour le foie fragile

Lorsque Mémé avait mal au foie elle buvait du vin au radis noir. En voici la recette : lavez bien, sans ôter sa peau, un gros radis noir, et râpez-le à l'aide d'une râpe à fromage. Mettez cette purée à macérer pendant quinze jours dans un litre de très bon vin blanc sec. Ensuite, filtrez le vin et conservez-le dans une bouteille hermétique.

A jeun, tous les matins, buvez le contenu d'un verre de cette potion et faites une cure de trois bouteilles au minimum.

le coin Cuisine

Salade de radis noir

Pour 4 personnes

1 radis noir
150 g de gruyère
Sauce vinaigrette
Persil et ciboulette hachés

Epluchez le radis, coupez-le en rondelles et mélangez-les au gruyère coupé en dés. Arrosez de vinaigrette et saupoudrez d'herbes. Vous pouvez ajouter 1 oignon finement émincé.

le saviez-vous ?

Le Musée de la sorcellerie

La sorcellerie fait depuis toujours partie des légendes et coutumes du Berry. Il semble donc logique que, non loin du Sancerrois, fief de ces mythes berrichons et où une foire aux sorciers existe depuis un demi-siècle, un musée lui ait été finalement dédié. A Concressault, depuis six ans, les 1200 mètres carrés des granges de La Jonchère (en fait les communs d'un manoir transformés) présentent près d'une centaine de mannequins et figurines, entraînant le visiteur dans un voyage historique au cœur de croyances mystérieuses. De la préhistoire jusqu'au milieu du XIXe siècle en passant par le Moyen-Age, des scènes reconstituées grandeur nature représentent des faits historiques ou des personnages de légende, tandis que des gravures et documents permettent de s'informer sur un milieu méconnu.

Trois grands chapitres illustrent ce grimoire vivant : l'imaginaire, la mythologie et l'histoire. A l'entrée, le mythe se déploie sous les traits d'une sorcière type accompagnée de farfadets, fées et autres enchanteurs. Puis, c'est la découverte de la médecine préhistorique, des grandes « prêtresses » grecques Circé et Médée, des cultes druidiques, des pratiques occultes... La chasse aux sorcières et ses grands procès expéditifs sont racontés et dénoncés. La salle consacrée aux spécialités berrichonnes regroupe birettes, meneur de loup et tourmenteurs de croquants, tandis qu'un herbier présente diverses plantes communément associées à la sorcellerie, comme la mandragore, la jusquiame ou la belladone. Le mythe se démystifie ainsi peu à peu, montrant les sorcières comme de simples femmes, connaissant souvent le pouvoir des plantes pour soigner et parfois guérir, mais injustement accusées, boucs émissaires d'époques troubles et troublées.

Avec cent cinquante mille visiteurs depuis sa création, le Musée de la sorcellerie est l'un des musées les plus fréquentés du Cher.

Lundi 7 Mai
STE GISÈLE
Matin
Après-midi

Mardi 8 Mai
ARMISTICE 1945
Matin
Après-midi

Mercredi 9 Mai
ST PACÔME
Matin
Après-midi

Jeudi 10 Mai
STE SOLANGE
Matin
Après-midi

Vendredi 11 Mai
STE ESTELLE
Matin
Après-midi

Samedi 12 Mai
ST ACHILLE
Matin
Après-midi

Dimanche 13 Mai
STE ROLANDE
Matin
Après-midi

Mai

Lundi **14** Mai
ST MATTHIAS

Matin

Après-midi

Mardi **15** Mai
STE DENISE

Matin

Après-midi

Mercrerdi **16** Mai
ST HONORÉ

Matin

Après-midi

Jeudi **17** Mai
ASCENSION

Matin

Après-midi

Vendredi **18** Mai
ST ERIC

Matin

Après-midi

Samedi **19** Mai
ST YVES

Matin

Après-midi

Dimanche **20** Mai
ST BERNARDIN

Matin

Après-midi

Là où Aurore devint Sand (suite)

Oui, George Sand ! Enfants, Aurore et Charles-Benoît jouent souvent ensemble. Des années plus tard, ils se retrouvent au Coudray pour discuter art floral et littérature. « Nous n'y avons pas prêté attention au départ, souligne Lydie : George Sand se promenait beaucoup en Berry et elle avait été invitée dans nombre de maisons et de châteaux des environs. » Laissant de côté ce « détail », le couple débute les travaux de restauration.

De temps à autre, ils reçoivent des visiteurs. Des curieux ? Non, des passionnés, des amateurs. De vieilles pierres ? Non, de George Sand. « Ce sont des professeurs qui nous ont éclairés sur l'importance qu'avait le Petit Coudray pour la dame de Nohant, combien elle l'aimait et ce qui s'y était passé exactement. » L'Histoire est, en effet, entrée au château par un bel après-midi de juillet 1830 comme nous le raconte le biographe André Maurois dans Lélia ou la vie de George Sand. A la demande de Charles-Benoît, elle se rend chez lui. « Elle trouva là Fleury (le Gaulois), Gustave Papet et un jeune homme de dix-neuf ans qu'elle ne connaissait pas : Jules Sandeau... A l'arrivée de Mme Dudevant, ce joli garçon s'éloigna du groupe, comme par discrétion, son livre à la main, et alla s'asseoir sur un banc de gazon, sous un vieux pommier. Cette réserve piqua la jeune femme. Elle entraîna les autres vers l'arbre, et la conversation continua autour de Sandeau. » Peu après, Aurore et Jules entament une liaison. Elle quitte le Berry pour le suivre à Paris. Sous le nom de Jules Sand, ils rédigent à quatre mains plusieurs nouvelles et un roman, Rose et Blanche. Eprise d'un ardent désir d'écrire, elle se lance seule dans la rédaction d'Indiana. Lorsqu'elle le présente à Sandeau, son amant refuse qu'il soit signé par le pseudonyme Jules Sand. Pour être publié et reconnu, il faut donc à Aurore un prénom masculin. Elle finit par choisir « George » et garde le nom de « Sand »... George Sand est née... au Petit Coudray, le 30 juillet 1830 lorsque ses yeux se posèrent sur Jules Sandeau.

Maud Brunaud

Le parc du Petit Coudray se visite de Pâques à fin septembre.
Renseignements : 02 54 31 08 64.
Courriel : chateauducoudray@wanadoo.fr

Trucs et astuces de Mémé

Désherber une terrasse dallée

Mémé prenait du vinaigre blanc, qu'elle versait sur les dalles de sa terrasse et son allée dallées. Ensuite, elle frottait avec un balai brosse.

L'avantage de cette façon de faire lui permettait non seulement de nettoyer sa terrasse, mais surtout empêchait les mauvaises herbes de repousser dans les joints de dalle.

De plus, le vinaigre blanc éloigne les fourmis.

le coin Cuisine

Pets de nonne

Pour 8 - 10 personnes

- 155 g de farine
- 1 c. à café de levure
- 25 cl d'eau
- 100 g de beurre
- 4 œufs
- 1 sachet de sucre vanillé

Mettre l'eau et le beurre dans une casserole, faire bouillir. Ajouter la farine et remuer jusqu'à ce que la pâte ne fasse plus qu'un morceau qui se détache bien de la casserole. Laisser refroidir légèrement cette pâte, puis ajouter l'un après l'autre les 4 œufs, le sucre et la levure. Former avec cette pâte environ 20 petites boules. Les faire frire dans de l'huile très chaude. Saupoudrez de sucre vanillé avant de servir.

Le saviez-vous ?

Les Tondailles

La période de la tonte des brebis, "les Tondailles", etait prétexte à une grande fête pour les bergères.

Ces tondailles avaient ordinairement lieu vers la fin du mois de mai, de grandes réjouissances les accompagnaient dans les fermes du pays.

Les patrons faisaient ce jour-là, une fois n'est pas coutume, des cadeaux aux bergères. Le plus souvent des épingles. Ils régalaient aussi ceux de leurs voisins et de leurs amis venus aider à tondre leurs troupeaux. C'était un immense plaisir pour le maître de la ferme d'"aller en tondailles" avec toute sa famille et d'assister au banquet et aux différents divertissements, chants et danses, qui signalaient cette fête champêtre.

Les bergères limousines entretenaient quelques bizarres superstitions. Par exemple, elles ne donnaient jamais le nombre précis des bêtes composant le troupeau, car le seul fait de connaître ce chiffre, les exposaient obligatoirement à en perdre quelques unes. Si la question leur était posée, et qu'elles en possèdent 98 ou 100, elles répondaient toujours: "J'en ai près d'un cent, ou un peu plus d'un cent", mais jamais, au grand jamais, le nombre exact.

Toujours dans le domaine des superstitions, ces jeunes filles, étaient persuadées que le loup, grand prédateur symbole, se trouvait neuf jours "badé" (ouvert), et neuf jours "barré" (fermé). Ce qui signifiait que pendant une neuvaine il avait la mâchoire libre et pouvait manger tous ce qu'il rencontrait, et que, pendant la neuvaine suivante il ne pouvait desserrer les dents, se trouvant ainsi condamné à un long jeûne. D'où le proverbe: "Faire un repas de loup", c'est à dire manger beaucoup, manger pour neuf jours.

Mai 2012

Lundi **21** *Mai*
ST CONSTANT

Matin

Après-midi

Mardi **22** *Mai*
ST ÉMILE

Matin

Après-midi

Mercredi **23** *Mai*
ST DIDIER

Matin

Après-midi

Jeudi **24** *Mai*
ST DONATIEN

Matin

Après-midi

Vendredi **25** *Mai*
STE SOPHIE

Matin

Après-midi

Samedi **26** *Mai*
ST BÉRENGER

Matin

Après-midi

Dimanche **27** *Mai*
PENTECÔTE

Matin

Après-midi

Le deuil

Suite page 53

Perdre un être cher demeure une épreuve que ceux qui restent ne traversent pas sans une période de deuil. Autrefois, tout un cérémonial entourait la mort et aidait la famille à passer ces moments difficiles lui permettant de se rassurer en s'accrochant à ces coutumes.

Le défunt installé dans son lit, glaces recouvertes d'un linge noir et pendules arrêtées, recevait la visite de tous les gens du village venus lui rendre hommage et lui « jeter » de l'eau bénite (disposée dans un bol sur la table de nuit). Pas question d'abandonner le corps à la solitude. On venait « passer la nuit », discutant, buvant du café jusqu'au petit matin. Pas question d'atteler les bœufs ou les chevaux dans le village ! La vie devait s'arrêter alentour. Les paysans se contentaient d'assumer le travail quotidien de la ferme sans se rendre dans les champs. On allait porter le deuil aux abeilles en accrochant un ruban noir à la ruche.

Le deuil était obligatoire pour la veuve sinon elle pouvait passer pour une ingrate aux yeux des villageois. Elle s'habillait tout en noir pour au moins une année. Ensuite le demi-deuil lui tolèrerait le gris. Elle n'avait pas le droit d'assister à des fêtes ou de se rendre sur des lieux d'amusement. De plus, elle faisait dire régulièrement des messes pour le défunt et accomplissait une visite hebdomadaire au cimetière. Les veufs portaient une cravate noire et un ruban noir à la boutonnière.

Aujourd'hui les temps ont changé et le deuil revêt les formes les plus variées selon la sensibilité de chacun. Les vêtements noirs ne sont plus de rigueur et l'incinération supprime souvent le cimetière. Pourtant l'absence demeure insoutenable. L'homme qui a pourtant beaucoup de pouvoirs demeure impuissant face à la mort.

A chaque coin de la maison il vous semble voir apparaître la silhouette du disparu. Vous croyez entendre son pas, vous vous retournez et il n'y a personne. Le son de sa voix sonne encore à vos oreilles et pourtant il faut se rendre à l'évidence, plus jamais on ne l'entendra, plus jamais on ne le verra. C'est alors votre cœur qui se tord et une boule qui se bloque dans votre gorge. Vous aviez encore quelque chose à lui dire, un moment à partager et vous vous prenez à regretter de ne pas lui avoir accordé plus de temps.

Alors vous feuilletez l'album photo pour retrouver son visage, c'est une autre façon de faire son deuil qui,

Image d'hier !

le coin Cuisine

Salade au foie gras

Pour 4 personnes

500 g de haricots verts fins (cuits mais encore croquants)
4 petits fonds d'artichauts cuits,
Quelques feuilles de chicorée frisée
2 tranches de foie gras
Cerneaux de noix

Assaisonnement :

1 cuillérée à soupe d'huile de noix
Quelques gouttes seulement de très bon vinaigre
Sel

Disposez les légumes dans chaque assiette, arrosez d'huile et de vinaigre, salez.

Répartissez bien l'assaisonnement.

Mettez la tranche de foie par-dessus.

Parsemez à volonté de cerneaux de noix.

---

pour moi a plus de sens que le recueillement devant la froideur de la tombe. Vous avez besoin de parler de lui, d'évoquer des souvenirs. Tant qu'il restera des gens qui l'ont connu, il vivra encore un peu. Il est partout. Là, c'est l'arbre qu'il a planté à l'automne. Ici, c'est le fauteuil où il aimait s'asseoir. Vous ne pouvez pas encore retirer ses vêtements de l'armoire, briser l'ordre qu'il avait lui-même établi et pourtant chaque jour vous éloigne des moments passés ensemble et c'est comme si son visage devenait flou et se fondait déjà avec le passé.

Jeanine Berducat

Le saviez-vous ?

De l'origine des croix aux croisées des chemins

On dit que Louis XIV aurait, en son temps, ordonné que l'on plante une croix à chaque croisée des chemins de son royaume. A la révolution, beaucoup d'entre elles ont été détruites ou arrachées, mais il en reste encore beaucoup dans le Berry aux carroirs (carrefours). Peut-être furent-elles érigées pour repousser le diable et les sorcières qui affectionnaient tout particulièrement ces endroits pour célébrer leur sabbat ? ou tout simplement pour veiller sur le passant et lui rappeler l'omniprésence de Dieu ?

Lundi **28** *Mai*
St Germain

Matin

Après-midi

Mardi **29** *Mai*
St Aymar

Matin

Après-midi

Mercredi **30** *Mai*
St Ferdinand

Matin

Après-midi

Jeudi **31** *Mai*
Visitation

Matin

Après-midi

Notes

Des chemins et des bouchures

A partir de Cluis, dans l'Indre, on entre dans la France profonde, celle des chemins creux et des bouchures avec ici et là quelques vestiges du passé que l'on découvre par hasard. C'est un itinéraire découverte d'une quarantaine de kilomètres que je vous propose de faire par une belle journée d'été. Et pourquoi pas à bicyclette.

Rendez-vous à Cluis place du champ de foire où vous pourrez admirer la superbe halle du 17ème siècle qui a été entièrement restaurée et qui abrite un marché aux produits régionaux les dimanche matin d'été. Histoire de vous mettre en appétit vous pouvez emprunter le circuit pédestre du viaduc d'Auzon en suivant le fléchage qui conduit au pied de ce magnifique édifice de 42 mètres de haut achevé en 1899 pour faire passer la voie ferrée Argenton La Châtre. Après le déclassement de la ligne, il a été racheté par la commune et il est utilisé aujourd'hui pour le saut à l'élastique.

Puis il suffit de prendre la D 38, après avoir jeté un dernier coup d'œil au viaduc qui domine le paysage, pour se diriger vers Orsennes par la D 75. D'emblée on entre dans le Boischaut Sud avec son fin treillis de parcelles, ses bouchures touffues et ses chemins qui incitent à la promenade. Orsennes vous séduira par son aspect soigné et ses demeures bourgeoises héritées de l'opulence du passé. Après la visite du bourg, enfoncez vous plus profondément dans cette campagne par la D72, une petite route sinueuse qui vous fera appréhender toute la dimension du Boischaut Sud. Subitement à votre gauche, apparaît le château du Breuil Yvain. Son porche date du 15ème siècle et la partie centrale du 18ème. Bordé d'un étang, il s'élève paisible dans ce trou de verdure. Propriété privée du comte d'Amarzit, il s'ouvre pour des spectacles sons et lumière la première semaine d'août. On reprend la route et quelques mètres plus loin la pierre à la Marte, un dolmen se dresse dans un champ sur la droite. Arrivé à Montchevrier le tour du bourg sera rapidement fait. Direction La Buxerette après avoir traversé l'axe Aigurande Châteauroux. Halte au village du Courtioux, puis arrivée dans le bourg où le restaurant Le Forgeron vous permettra de vous restaurer. Le bourg a des allures de hameau, c'est l'une des plus petites communes de l'Indre. Elle abritait autrefois des charbonniers dans les bois de Montpeget.

Image d'hier !

D'ailleurs les arbres sont toujours très présents dans cette contrée. Faites donc un détour sur la route de la Buxerette à Neuvy, au carrefour de la route du Courtioux pour admirer le Chêne Rond, magnifique spécimen de 110 ans. Rendes-vous ensuite à Saint Denis de Jouhet. Le bourg est coquet, pourvu de plusieurs commerces et l'église entièrement rénovée a fière allure. Bifurquez ensuite vers le village des Roulets où Dominique Stillace a créé un jardin paysager original : la pommeraie idéale qui se visite de mai à octobre. C'est un jardin à base de pommiers, regroupant de nombreuses variétés oubliées avec des présentations originales.

Reprenons la D19 jusqu'à Fougerolles, charmant bourg noyé dans la verdure. Une magnifique croix dressée sur la place attire l'œil. Elle a été élevée au 15ème siècle et une légende y est attachée : une jeune fille d'une douzaine d'années habitant le château de Rochefolle aperçut un pendu qui se balançait au bout de sa corde. Elle en mourut de frayeur et la croix fut édifiée en son honneur. Fougerolles était aussi un lieu religieux avec son abbaye de Varennes qui date du 12ème siècle. Les bâtiments qui subsistent ont été rénovés, mais demeurent privés.

Rejoignons la D27 pour se rendre à Neuvy Saint Sépulchre où la basilique vaut le détour. Construite à partir de 1042 par Eudes de Déols au retour d'une croisade sur le modèle du Saint Sépulchre de Jérusalem, elle possède une architecture originale. Une procession a lieu le lundi de Pâques autour des gouttes du précieux sang du Christ ramenées en reliques par un compagnon de croisade de Saint Louis.

Cette visite terminée, la soirée sera déjà bien avancée et il est temps de retourner à Cluis par la D38 qui traverse Mouhers et passe par Cluis dessous, forteresse construite au 10 ème siècle par les seigneurs de Cluis dont uil ne reste que des ruines. Mais c'est sur ce site grandiose que la troupe le manteau d'Arlequin joue son théâtre en plein air.

Jeanine Berducat

Image d'hier !

brico lage

Installer une chatière

Installer une chatière est un travail accessible et rapide, qui permettra à votre chat ou votre petit chien de gagner en indépendance.

Vous allez commencer par découper dans du carton un gabarit de mêmes dimensions que votre chatière.
Ensuite, sur votre porte, vous allez tracer au crayon une ligne parallèle au sol à environ 15 cm de hauteur.
Puis, centrez le bas du gabarit au milieu de la ligne que vous avez tracé, et scotchez-le à la porte.
Il faut que le gabarit soit bien d'aplomb ; aidez-vous du niveau à bulle, puis traçez les contours, toujours au crayon, directement sur la porte, et vérifiez à nouveau que vos tracés soient bien droits.

Avec votre perceuse munie d'une mèche à bois de diamètre suffisant pour passer la lame de votre scie sauteuse, vous percerez un trou à chaque angle du tracé.
Ensuite, glissez la lame de la scie sauteuse dans l'un des trous, puis découpez la porte le long du trait que vous avez tracé.
Enfin, vous enlèverez votre découpe puis éliminerez la poussière à l'aide d'une brosse.

Plaquez les deux parties de la chatière le long de la découpe, et ce des deux cotés de la porte, puis vérifiez qu'ils sont alignés et droits avec le niveau à bulle.
A l'aide des vis de fixation à installer aux quatre coins de chaque facette de la chatière, solidarisez cette dernière avec la porte.

Enfoncez les caches des vis de fixation.
Enfin, montez les portes de la chatière sur la structure en suivant votre mode d'emploi, puis vérifiez leur bon fonctionnement.

côté jardin

Juin

Travaux divers

Désinfectez et nettoyez les serres qui sont vides en cette saison. Taillez les rameaux des vignes qui s'allongent. Traitez les pommes de terre contre les doryphores et le mildiou.
Le meilleur désherbant reste la binette et le jardinier lui-même. A mesure que les plantes s'élèvent rajoutez des tuteurs et des liens. Les oiseaux sont les plus efficaces des insecticides. Favorisez leur venue au jardin en songeant à leur nourriture.

Potager

Sarclez régulièrement. Traitez contre la maladie.
Semez pour l'automne des graines de choux, scaroles, haricots, radis, laitues, cerfeuil.
Pour qu'elles grossissent plus vite, tordez ou cassez les tiges d'ail. Renouvelez les semis de haricots verts, échelonnez les récoltes. Semez les radis noirs en rayons.

Verger

Continuez les pincements et palissades.
Arrosez en cas de sécheresse le pied des arbres. Supprimez les bourgeons superflus sur les cerisiers, abricotiers et autres fruits à noyeux. Eclaircissez les fruits trop nombreux.
Entretenez le sol dans un bon état de propreté par des sarclages et ratissages.
Cueillez les cerises le soir de préférence car le lendemain les oiseaux sont plus matinaux que le jardinier.

Fleurs

Second repiquage sur couche d'amarantes, pétunias, reines-marguerites pour une mise en place à la fin du mois.
Arrosez régulièrement bégonias et glaieuls. Vérifiez les tuteurs des dahlias. Pour floraison tardive, semez capucines, belles-de-jour, mufliers.
pendant la belle saison on pourra sortir au jardin, à mi-ombre certaaines plantes d'appartement.

Le jeu du mois de juin

Solution page 128

BLEAUAT · HASICE · TARCE · OSILLE · ABLITER · REPPTIU · CIERREN · ZEN · VRATACE

Tous ces noms sont dans le dessin.
Pour retrouver chacun de ces mots, remettez les lettres dans le bon ordre.

Juin

Si les poules
se mettent à l'abri,
La pluie s'arrête avant le soir.
Mais si elles ne se rentrent pas,
Tu auras de la pluie nuit et jour.

2012

Gemeaux
du **22** mai
au **21** juin

Cancer
du **22** juin
au **23** juillet

Pour expliquer l'étymologie du nom, on suppose que ce mois a été consacré soit à Junon, soit à Hébé, déesse de la jeunesse, soit à Junius Brutus, fondateur de la liberté romaine.
Ausone, poète latin, personnifie de cette manière le mois de juin.
Les deux fêtes principales que célèbre la religion catholique en ce mois sont la Trinité et la Fête-Dieu.

ISSOUDUN. — Le Beffroi, ancienne prison jusqu'en 1914

Méfiez-vous des gens dont on dit qu'ils ont le coeur sur la main. Comme ce n'est pas sa place, demandez-vous ce qu'ils peuvent bien avoir à la place du coeur.

[Pierre-Jean Vaillard]

Origines des feux de la Saint-Jean

Le solstice des 21 et 22 juin marque le début de l'été dans l'hémisphère nord qui reçoit verticalement les rayons du soleil.
A l'époque des druides, les feux s'allumaient le 1er mai, jour de la fête de Beltaine pour célébrer la lumière et inciter Bélenus à veiller sur les champs, les récoltes et les animaux que les Celtes faisaient passer entre des gigantesques bûchers pour les protéger de la maladie.
Puis saint Jean, dit le précurseur, fils de Zacharie et d'Elisabeth, baptisa Jésus qu'il désigna comme " l'agneau de Dieu ". Persécuté, martyrisé, il fut décapité sous Hérodiade. Représenté avec un manteau de pasteur et un agneau dans les bras, il est devenu le patron des bergers, qui fêtent sa naissance le 24 juin en embrasant les montagnes de feux de Bengale.
L'origine de cette coutume se rattacherait à l'intrigue amoureuse d'une jeune fille éprise d'un garçon qui affectait à son égard une totale indifférence. Saint Jean lui aurait alors conseillé de planter un bouquet d'orpin sur sa porte. Le procédé réussit et la jeune fille s'assura l'amour du réfractaire, et la fleur est depuis appelée " plante de Saint-Jean ".

Notes

Vendredi **1er** Juin
ST JUSTIN

Matin

Après-midi

Samedi **2** Juin
STE BLANDINE

Matin

Après-midi

Dimanche **3** Juin
ST KÉVIN

Matin

Après-midi

Le loup

Très présent dans l'imaginaire de nos enfants, le loup était autrefois une réalité et un ennemi pour nos ancêtres paysans. Dès que l'hiver se faisait sentir, des hordes de loups venus du Nord étaient signalés dans les campagnes. Les villageois les redoutaient car, affamés, ils égorgeaient des moutons et emportaient des volailles. Des battues étaient organisées pour les détruire , comme celle organisée en 1823 par le maire de Vicq Exemplet avec 155 traqueurs et 85 tireurs. Sous le premier empire, des primes étaient donnés à qui rapportait la dépouille d'un loup ou d'un louveteau. Ainsi les archives notent un animal de 50 kg abattu par Sylvain Jouhanneau de la Motte Feuilly le 17 juillet 1804. Les derniers loups abattus en Berry

Le loup a marqué les mémoires, tout d'abord à travers les contes de Perrault qui mettent en scène des loups comme dans le petit chaperon rouge. Le mythe du loup était utilisé pour faire peur aux enfants. On leur disait de ne pas siffler car cela attirait les loups. D'ailleurs le nom de loup est présent dans de nombreux lieux dits : Pisseloup à Neuvy St Sépulchre, l'oche aux loups à la Buxerette, etc…

En Berry la légende des meneux de loups est très présente, racontée entre autre par George Sand. Ces hommes dotés de pouvoirs étranges, vêtus d'une peau de bête, la nuit venue, sillonnaient la campagne en jouant une musique envoutante sur une cornemuse. Ils attiraient ainsi des meutes de loups qui les suivaient comme des chiens.

Le loup s'attaquait rarement à l'homme mais il arrivait qu'un loup suive un humain à distance le soir venu. Mon arrière grand-mère me racontait qu'à la fin du dix neuvième, ceci était arrivé à son père en rentrant d'une veillée, il voyait ses yeux de braise qui avançaient derrière lui et il avait du posé ses sabots pour les frapper l'un contre l'autre afin de le faire fuir. Elle-même étant enfant se souvient d'un après midi d'hiver durant lequel elle gardait ses moutons, elle avait aperçu une forme noire sauter par-dessus la bouchure tandis que son chien gémissait à côté d'elle et peu après les habitants du village voisin criaient ; « Au loup, au loup, il emporte nos oies ! Elle avait eu la peur de sa vie !

Les loups pouvaient devenir dangereux lorsqu'ils attrapaient la rage. Daniel Bernard ethnologue et historien berrichon a retranscrit l'histoire du loup enragé de Mosnay en 1878. Un loup enragé est alors signalé du côté de Tendu et Mosnay, ayant fait des ravages dans les troupeaux de bœufs et de moutons, mordant également des chiens, des porcs. Sept personnes vont être mordues dont trois en succomberont, la rage demeurant mortelle. La population est terrifiée et une battue est organisée durant laquelle la bête enragée est tuée. L'autopsie qui a lieu à Argenton, permet de découvrir dans l'estomac du loup le pouce de Hanri Berlot que l'animal avait sectionné en l'attaquant. Ce pouce a été conservé dans du formol au musée d'histoires naturelles de Bourges.

Jeanine Berducat

Trucs et astuces de Mémé

Remettre une carafe à neuf :

Mémé avait un petit truc pour remettre à neuf ses carafes, bouteilles et verres qui s'étaient ternis ; elle mettait des coquilles d'oeufs en petits morceaux dans le récipient à nettoyer et laissait couler de l'eau tiède dessus. Puis elle agitait pendant quelques minutes.

le coin Cuisine

Gâteau au chocolat

Pour 4 personnes

1 œuf entier
150 g de sucre en poudre
200 g de farine
1 sachet de levure
8 c. à soupe de lait
1 sachet de sucre vanillé
Kirsch

Faire fondre dans très peu d'eau tiède, 250 g de chocolat, ajouter 250 g de beurre frais, en tournant constamment, puis deux œufs entiers.

Faire cuire le tout pendant quelques minutes.

D'autre part, dans un plat carré, faire le gâteau au chocolat.

Bien mélanger ensemble l'œuf et le sucre en poudre.

Ajouter le lait, le sucre vanillé et continuer à remuer.

Compléter ensuite le mélange par la farine et la levure sans travailler la pâte.

Mettre dans un moule carré, laisser reposer 1/4 d'heure et cuire 20 à 25 minutes environ à four moyen.

A la sortie du four, l'imprégner de kirsch. Le laisser refroidir, puis couper par tranches régulières.

Alterner couche de gâteau, couche de chocolat, couche de gâteau, etc...

Recouvrir l'ensemble de chocolat.

le saviez-vous ?

Le corroyeur : un métier disparu

C'était l'artisan qui travaillait les cuirs pour les rendre propres aux divers usages des celliers et bourreliers. Leur travail consistait à humecter la peau, la fouler et refouler sous les pieds, à en arracher tous les lambeaux de chair que la tannerie avait pu y laisser, à la corrompre, c.a.d. l'unir et la ratisser avec un instrument nommé Pommelle, à la graisser au suif bouillant, à la teindre, à la lustrer avec du suc d'épine-vinette, à lui donner le grain en pressant fortement la peau avec un instrument nommé Etire. L'ultime phase consistait à lui donner le dernier lustre, en appliquant à froid, une composition de bière, d'ail, de vinaigre, de gomme d'Arabie et de colle de Flandre bouillis ensemble.

Lundi 4 Juin – Ste Clotilde

Matin

Après-midi

Mardi 5 Juin – St Igor

Matin

Après-midi

Mercredi 6 Juin – St Norbert

Matin

Après-midi

Jeudi 7 Juin – St Gilbert

Matin

Après-midi

Vendredi 8 Juin – St Médard

Matin

Après-midi

Samedi 9 Juin – Ste Diana

Matin

Après-midi

Dimanche 10 Juin – St Landry

Matin

Après-midi

Juin

Lundi **11** *Juin*
ST BARNABÉ

Matin

Après-midi

Mardi **12** *Juin*
ST GUY

Matin

Après-midi

Mercredi **13** *Juin*
ST ANTOINE DE P.

Matin

Après-midi

Jeudi **14** *Juin*
STE ÉLISÉE

Matin

Après-midi

Vendredi **15** *Juin*
STE GERMAINE

Matin

Après-midi

Samedi **16** *Juin*
ST J.-F. RÉGIS

Matin

Après-midi

Dimanche **17** *Juin*
ST HERVÉ

Matin

Après-midi

Le musée du cirque de Vatan

La petite ville de Vatan dans le Nord de l'Indre a créé son musée du cirque en 19994 grâce à la passion de Michel Cadoux qui connaissait beaucoup d'artistes dans le milieu du cirque. C'est Annick Zavatta qui a coupé le ruban lors de l'inauguration.

Parrainé également par Sergio, présentateur de cirque très connu, le musée de Vatan est doté d'accessoires ayant appartenus à de grands noms du cirque : le costume de clown de Pipo, celui d'Achille Zavatta, le banjo de Fratellini, la queue de pie de Bouglione, les costumes des frères Fratellini ou de Roger Lanzac. Les salles ont été aménagées par spécialités de la piste. C'est ainsi que l'on peut découvrir l'équitation, les clowns, les magiciens, les trapézistes, les équilibristes, les présentateurs. etc.

Le musée représente et retrace l'histoire du cirque à travers l'extraordinaire richesse de la collection du Docteur Alain Frère.

L'univers du cirque est parfaitement reconstitué. Dans la cour, une roulotte, une cage aux fauves mettent le visiteur dans l'ambiance. A l'intérieur, le rouge et l'or dominent. Une salle vidéo projette des scènes de la vie quotidienne d'un cirque avec montage du chapiteau, spectacle, soin aux animaux et vie communautaire. Dans les sept salles, de nombreuses affiches de deux grands maîtres affichistes des Beaux-arts, Antonin Magne et Gustave Soury sont exposées.

rappellent les grands spectacles, des maquettes de chapiteaux, des véhicules miniatures replongent le public dans la nostalgie de l'enfance, avec des effluves de piste aux étoiles. L'époque des voitures hippomobiles transportant tout ce matériel au rythme des chevaux n'est pas si loin. Pinder, Bouglione, Gruss, Jean Richard, Amar… sont autant de cirques évoqués. Des mannequins présentent des costumes scintillants qui ont affrontés les feux de la rampe en un autre temps car ils ont tous été utilisés par des artistes : clowns, jongleurs ou prestidigitateurs. Beaucoup d'objets proviennent de collections privées mises à disposition gracieusement et enrichissant le patrimoine du musée. De magnifiques photographies de Rémy Duroir intitulées « Passion du cirque » complètent agréablement cette magnifique exposition. Grâce à ce musée Vatan a créé en 1999 un festival du cirque.

Le musée est ouvert du mercredi au dimanche de 10 h à 12 h et de 14 h à 18 h.

Jeanine Berducat

Trucs et astuces de Mémé

Le glaçage des gâteaux :

Pour glacer les gâteaux et leur donner l'aspect de ceux du pâtissier, Mémé faisait fondre deux cuillerées de sucre en poudre dans quatre cuillerées de lait. Cinq minutes avant que le gâteau ne soit cuit, elle le badigeonnait avec ce mélange et le repassait au four pendant quelques minutes.

le coin Cuisine

Cabillaud aux épices

Pour 4 personnes

800 g de cabillaud
200 g de graine de couscous
3 carottes
2 navets
2 courgettes
20 cl d'huile d'olive
Quelques olives noires
1 bouquet de coriandre
Sel

Pour la sauce aux épices :
20 cl de miel liquide
1 cuillère de cumin en grains
1 cuillère à café de paprika
1 cuillère à café de curry
1 cuillère à café de cannelle en poudre
1 clou de girofle concassé
1 cuillère de poivre noir concassé

Coupez les filets de cabillaud en 4 pavés et salez-les. Mettez le miel dans une petite casserole, ajoutez toutes les épices, laissez cuire 20 minutes à feu très doux. Pelez les légumes, lavez-les et coupez-les en tout petits dés. Plongez-les 3 minutes dans de l'eau bouillante salée, égouttez-les et réservez-les.

Mettez dans une casserole 1 litre 1/2 d'eau, salez, portez à ébullition sur feu vif. Lorsque l'eau bout, versez le couscous en pluie, mélangez. Retirez la casserole du feu dès le premier bouillon et laissez reposer 1 minute pour que le couscous gonfle. Passez-le tout à travers une passoire fine et versez le couscous dans un saladier. Arrosez-le d'huile, mélangez pour détacher et aérer les grains.

Ajoutez les légumes, les olives hachées, la moitié des feuilles de coriandre ciselées. Faites dorer sur feu vif dans une poêle les morceaux de cabillaud de chaque côté jusqu'à ce qu'ils soient bien croustillants. Posez les filets sur des assiettes individuelles. Répartissez dessus la sauce d'épices. Servez avec le couscous. Décorez avec le reste des brins de coriande.

le saviez-vous ?

L'esquinancie

Ce nom ancien désigne vraisemblablement une amygdalite ou une angine. Jean-Jacques Rousseau y était très sujet. En voici la description : maladie dont le siège est à la gorge et qui en la gonflant ou la resserrant rend la respiration et la faculté d'avaler très pénibles. Cette maladie a différentes causes, elle procède ou d'inflammation ou de tumeur, ou du resserrement des nerfs ou des vapeurs qui s'élèvent. La plus dangereuse est l'inflammatoire qui, en général, a son principe soit dans des courses excessives, soit dans les exercices immodérés de la voix, soit dans le passage subit du chaud au froid ou du froid au chaud, soit dans la chaleur excessive des entrailles.

Juin 2012

Lundi 18 Juin — St Léonce

Matin

Après-midi

Mardi 19 Juin — St Romuald

Matin

Après-midi

Mercredi 20 Juin — St Silvère

Matin

Après-midi

Jeudi 21 Juin — Été

Matin

Après-midi

Vendredi 22 Juin — St Alban

Matin

Après-midi

Samedi 23 Juin — Ste Audrey

Matin

Après-midi

Dimanche 24 Juin — St Jean-Baptiste

Matin

Après-midi

Le potimarron, merveille du jardin

Parmi tous les légumes que l'on peut cultiver dans son jardin, le potimarron est un plaisir des yeux et du palais dont il ne faut pas se priver. Sa chair beaucoup plus fine que celle des citrouilles a un petit goût de châtaigne. Plus petit, il pèse de 1,5 à 3 kilos. Le potimarron se cuisine aussi bien en soupe qu'en gratin et ensoleille les repas de l'hiver. Légume très ancien, il avait pratiquement disparu de nos jardins et de nos tables. Dans l'Indre il a été remis au goût du jour par Tranzault et son association qui sauvegarde les légumes oubliés. Lors de la foire aux potirons le deuxième dimanche d'octobre, le potimarron est très présent et on le vend aussi cuisiné en citrouillat ou sucré dans la religieuse de Tranzault (spécialité de la foire). Parallèlement la ferme de Sainte Marthe qui s'est spécialisée dans la vente de graines de légumes anciens a permis aux jardiniers de le cultiver à nouveau. Facile à réussir, il faut toutefois le semer au bon moment quand la terre commence à se réchauffer, au cours de la seconde quinzaine du mois de mai, directement en pleine terre. Certains les font lever sous serre et les repique ensuite, mais le semis direct réussit bien. Je les sème par groupe de 3 graines, enfoncées à 2 cm de profondeur dans une terre bien travaillée et enrichie en fumures. Par contre il faut prévoir un espace assez grand entre chaque plantation car très vite les plants vont avoir besoin de place pour courir. Attention à ne pas planter d'autres types de cucurbitacées alentour car il peut y avoir hybridation. L'arrosage n'est nécessaire qu'en cas de sècheresse en prenant garde à ne pas mouiller les feuilles en versant simplement l'eau à chaque pied. Pour garder le sol frais, certains utilisent un paillage dès le mois de juin, ceci a également l'avantage d'étouffer les mauvaises herbes et d'éloigner les limaces.

Le potimarron produit des fleurs mâles et des fleurs femelles qui seules donnent des fruits. Chaque pied peut donner 4 à 5 fruits. Récolté en octobre quand le pédoncule sèche. Pour la conservation il faut récolter le potimarron avec son pédoncule. Ils doivent être conservés sur un lit de paille dans un local sombre sur 3 ou 4 mois ; Il n'y a plus qu'à les cuisiner.

Image d'hier !

Gratin de potimarron :

Eplucher le potimarron, retirer les graines. Faire cuire 25 mn à l'eau salée avec des gousses d'ail. Retirez le jus de cuisson et mixez en purée avec du lait. Mettre la purée obtenue dans un plat à four. Saupoudrez de gruyère rapé et mettez à gratiner au four.

Soufflé de potimarron au chèvre frais :

Une entrée raffinée à servir accompagnée d'une salade de roquette et de mâche.

Pour 4 pers. / Préparation 25 min. / Cuisson 40 min. / Coût économique

2 potimarrons, 60 g de fécule de maïs, 50 cl de lait, 4 jaunes d'œufs, 100 g de chèvre frais

Coupez les potimarrons en dés après avoir ôté les pépins et faites-les cuire à la vapeur 20 à 30 min. Réduisez-les en purée. Dans une casserole, délayez sur le feu la fécule de maïs et le lait jusqu'à ce que le mélange épaississe. Ajoutez la purée de potimarron et les jaunes d'œufs, puis le chèvre frais. Mélangez bien. Battez les blancs en neige et incorporez-les délicatement à la préparation. Versez l'appareil dans 4 ramequins, faites cuire dans un four préchauffé à 200 °C pendant 20 min. Servez sans attendre.

J Berducat

Le saviez-vous ?

Athanase Bassinet

En visitant le village de Chantôme, près d'Eguzon dans le Sud du département de l'Indre, une plaque apposée à une maison attire l'attention : " Ici est né Bassinet Athanase Honoré 1850 1914 " Qui est cet enfant du pays ?

Né en 1850 à Chantôme, Athanase Bassinet, orphelin à 9 ans est placé sans instruction chez un pharmacien d'Argenton. A 15 ans il part pour Paris servir les maçons et suit des cours du soir. Ami de Martin Nadaud, il est élu en 1887 au conseil municipal du quinzième, devient maire puis sénateur. Une formidable ascension !

Lundi 25 Juin ST PROSPER

Matin

Après-midi

Mardi 26 Juin ST ANTHELME

Matin

Après-midi

Mercredi 27 Juin ST FERNAND

Matin

Après-midi

Jeudi 28 Juin STE IRÉNÉE

Matin

Après-midi

Vendredi 29 Juin STS PIERRE, PAUL

Matin

Après-midi

Samedi 30 Juin ST MARTIAL

Matin

Après-midi

Notes

Des gens célèbres dans les cimetières

Les départements de l'Indre et du Cher peuvent s'enorgueillir de posséder un certain nombre de personnalités qui ont choisi le département comme dernière demeure, soit parce qu'il y sont nés, soit parce qu'ils y ont vécu.

La plus renommée est sans aucun doute George Sand qui portait à Nohant un attachement viscéral. Née à Paris en 1804, elle a grandi à Nohant chez sa grand-mère et a continué à vivre en Berry une grande partie de sa vie. A sa mort, en 1876, elle fut enterrée dans le petit cimetière familial du château de Nohant où encore aujourd'hui de nombreux visiteurs se recueillent.

Autre personnage célèbre né en 1754 à Paris qui a marqué le Berry pour avoir acheté le château de Valençay en 1803, Charles Maurice de Talleyrand Périgord, diplomate et homme politique, proche de Napoléon Bonaparte (il a été son grand chambellan) a vécu dans le château où il est mort en 1838. Il avait fait creuser une crypte sous la chapelle de la maison de la charité où son corps fut déposé.

Georges Bernanos, écrivain, né à Paris en 1888 est berrichon par sa mère et il séjourne régulièrement dans l'Indre. L'auteur du journal d'un curé de campagne est enterré au cimetière de Pellevoisin.

Marius Jacob est né le 29 septembre 1879 à Marseille et mort le 28 août 1954 à Reuilly dans l'Indre. Anarchiste illégaliste français, cambrioleur ingénieux et doté d'un grand sens de l'humour, capable de grande générosité à l'égard de ses victimes, il sera l'un des modèles dont Maurice Leblanc s'inspirera pour créer le personnage d'Arsène Lupin. Il est enterré au cimetière de Reuilly.

Marcel Bascoulard est né le 10 février 1913 à Vallenay, c'est dans la vallée du Cher il vit à Saint-Florent. Le 25 septembre 1932, il a moins de vingt ans, c'est le drame. Sa mère Marguerite abat son père Léon, âgé de 55 ans, d'un coup de revolver . Très choqué, le jeune Bascoulard va mener une vie de bohême à Bourges. Il dessine, il peint. Sans argent, déjà marginalisé, il habite dans des cabanes dans les Marais. Il devient vite une figure de Bourges, connu par son curieux accoutrement, ainsi que par sa façon de se déplacer sur un curieux tricycle. Souvent vêtu en femme, il fait l'objet de nombreuses arrestations et procès verbaux.

Image d'hier !

du Berry

Le 12 janvier 1978, il est assassiné par un marginal de 28 ans.

La ville de Bourges choquée par sa mort, décide de prendre en charge ses obsèques et la concession au cimetière Saint-Lazare

Ernest Nivet est un pur berrichon, né à Levroux en 1871. Il s'embauche chez un tailleur de pierres avant de monter à Paris apprendre la sculpture aux côtés de Rodin. En 1895 il revient dans son pays natal. On lui doit de nombreuses œuvres comme le berger couché ou le monument aux morts de Buzançais « la pleureuse avec sa berrichonne ». Décédé à son domicile à Châteauroux, il est enterré au cimetière Saint Denis en 1948.

Autre homme connu, enterré au cimetière de Saint Denis, Maurice Rollinat le poète tourmenté né à Châteauroux en 1846. Sa jeunesse se passe à Paris où il fréquente les artistes de l'époque au cabaret Le chat noir où il joue du piano et déclame ses poèmes. Las de la ville il se réfugie à Fresselines. Il meurt à 57 ans à l'hôpital d'Ivry mais son corps est ramené à Châteauroux.

Né en 1738 à Versailles, Armand-Joseph de Béthune-Chârost prend possession, l'année de son mariage (en 1760), des propriétés familiales de Chârost, Mareuil, Meillant et Charenton en Berry, auxquelles il ajoute, en 1766, la terre de Saint-Amand. Le duc de Béthune-Chârost s'implique alors dans la recherche de méthodes visant un progrès économique (nouvelles plantations, usage de techniques et d'instruments agraires plus performants, en vue d'augmenter la production agricole, promotion de nouvelles productions). Il s'adonne également à des actions d'assistance : mise en place de maisons de charité et de refuge, création d'écoles, d'un hospice (à Issoudun), d'un hôpital (à Meillant). Egalement acteur de la gestion de l'Institut parisien des Sourds-Muets, le duc de Béthune-Chârost meurt le 5 décembre 1800 ; il est inhumé dans la chapelle du château de Meillant.

Zulma Carraud est née en 1796, à Issoudun et est restée attachée à la propriété familiale de Frapesle. Amie de Balzac (plus d'une centaine de lettres ont été échangées entre eux), elle se retire à Nohant-en-Graçay et s'investit dans l'enseignement de la lecture aux fillettes de cette commune. Pour atteindre ses objectifs, Zulma Carraud a choisi de se lancer - à 56 ans- dans l'écriture d'histoires destinées à la jeunesse : elle publiera ainsi, entre 1852 et 1868, dix livres chez Hachette et dans la Bibliothèque Rose.

Décédée à Paris en 1889, elle a été inhumée au cimetière de Nohant-en-Graçay.

Benjamin Rabier voit le jour en 1864 en Vendée. Son père est d'origine berrichonne. Le jeune Benjamin Rabier commence tôt à travailler, il est employé à la Caisse des dépots et Comptes courants. Le dessin reste sa grande passion, il passe ses loisirs à se perfectionner et à imiter les maîtres de la caricature.

Grâce à l'appui d'un copain de régiment, plusieurs revues françaises commencent à publier ses dessins, mais aussi en Grande-Bretagne et aux États-Unis où il a plus de succès. Il est finalement publié régulièrement dans Le Rire et Pêle-Mêle, ce qui lui permettra de sortir ses premiers albums. Au début du XXe siècle, Benjamin Rabier s'impose comme un auteur à succès. Il se lance aussi dans l'édition pour enfants, en publiant un journal, Histoire comique et Naturelle des Animaux (1907-1908).

Benjamin Rabier écrit aussi de nombreuses pièces de théâtre et il se lance, à partir de 1916, dans le dessin animé, il est sollicité pour « faire de la réclame » Ses animaux, parce qu'ils amusent, peuvent faire vendre n'importe quel produit : le bouillon Maggi, la cartouche Gévelot et la très célèbre Vache qui Rit. La consécration lui viendra de « Gédéon » petit canard au long cou disgracieux et mal aimé de sa famille. Benjamin Rabier est mort et enterré à Faverolles dans l'Indre le 10 octobre 1939.

le saviez-vous ?

Charles 7 exilé en Berry

Charles 7 né en 1403, eut son enfance troublée par la guerre de 100 ans . Devenu roi, il se réfugia à Bourges et se lia avec Agnès Sorel qui devint sa maîtresse.

Quand les anglais marchèrent sur Bourges, Charles 7 se réfugia à Chinon où Jeanne d'Arc le rejoignit pour le persuader de se faire couronner à Reims. Le couronnement eut lieu le 17 juillet 1429 en présence des seigneurs berrichons : Jean de Brosse, seigneur de Boussac et Sainte Sévère, Louis de Culan.

brico lage

La pose des vitres

Les vitres doivent être posées et maintenues de telle sorte qu'elles ne puissent pas jouer dans leur logement sous l'action d'efforts extérieurs : vent, vibrations, ouverture et fermeture. Donc il faut les couper ou les faire couper par un vitrier juste à la bonne dimension.

Tout d'abord, bien nettoyer la feuillure : enlever toute trace d'ancien mastic avec le couteau à démastiquer, gratter la vieille peinture et dépoussiérer comme il faut. Passer la feuillure à l'huile de lin avec un pinceau. Appliquer un mince filet de mastic au fond de la feuillure.

Placer la vitre dans la feuillure en écrasant le fin filet de mastic et la fixer avec des pointes en faisant glisser la tête du marteau le long de la vitre, toujours parfaitement parallèle à la vitre ; enfoncer les pointes dans la feuillure par petits coups répétés. Ne pas enfoncer complètement : il faut qu'elles maintiennent le carreau.

Avec un couteau à mastiquer, il faut déposer ensuite un gros cordon de mastic le long de l'angle formé par la vitre et la feuillure. Il ne reste plus qu'à lisser le mastic pour enlever le surplus : appliquer à 45° le couteau à mastic dans un angle et tirer le long de la feuillure d'un mouvement régulier et assez lent en maintenant la pression.

Petit truc :

Pour utiliser facilement le mastic, le ramollir dans la paume de la main ou éventuellement y ajouter un peu d'huile de lin.

côté jardin

Juillet

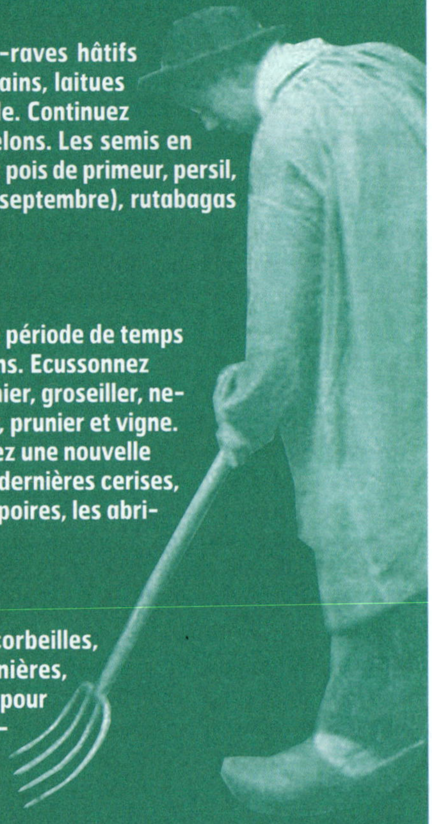

Travaux divers

Maintenir le sol humide en étalant une couche de tourbe et de terreau, en effectuant des tontes de gazon, en utilisant de la sciure de bois ou de la paille.
Arrosez copieusement l'endroit où vous devez travailler le lendemain.
Prévoir autour de votre habitation au pied des gouttières des récipients destinés à recueillir les eaux de pluie.
Pulvérisez les haies des jardins contre les pucerons. La bête à Bon Dieu est la meilleure amie du jardinier.

Potager

Semez : choux brocolis (mars), choux-raves hâtifs (octobre), cresson, épinard, haricots nains, laitues pommées d'été, romaine, mâche, oseille. Continuez à tailler les plants de tomate et les melons. Les semis en pleine terre offrent une grande variété : pois de primeur, persil, radis longs, demi-longs et d'été (août-septembre), rutabagas (novembre-décembre).

Verger

C'est la saison des fruits. Profitez d'une période de temps calme pour pratiquer greffes et écussons. Ecussonnez abricotier, cognassier, cornouiller, cormier, groseiller, neflier, olivier, oranger, pêcher, pistachier, prunier et vigne. Travaux de récolte : sulfatez et ensachez une nouvelle provision de fruits tardifs. Récoltez les dernières cerises, groseilles et framboises, les premières poires, les abricots et les prunes.

Fleurs

En culture : pincez les plantes des corbeilles, taillez les arbustes à floraisons printanières, arrosez chaque soir. En récolte : coupez pour gerbes et bouquets, aconit, bleuet, digitale, lis, œillets, roses, etc. Enlevez les fleurs passées sur tige. Récoltez les premières graines. Les chrysanthèmes peuvent être rempotés. Traitez les feuillages à la bouillie bordelaise.

Le jeu du mois de juillet

Solution page 128

M	A	R			
D	A	N			
C			U		E
	A			H	E
A			I	E	
N		E			E
			I	S	E
	I	E			E

1	M	A	R			
2	D	A	N			
3	C			U		E
4		A			H	E
5	A			I	E	
6	N		E			E
7				I	S	E
8		I	E			E

Juillet

Ciel bien moutonné,
Patchouli sur femmes,
Ça ne durera pas !

2012

Cancer du **22** juin au **23** juillet

Lion du **24** juillet au **23** août

Marc-Antoine rendit une ordonnance qui donna le nom de Julius à ce mois, en l'honneur de Jules César, réformateur du calendrier romain, et né le 12ème jour de ce mois.
Ausone représente juillet sous l'emblème d'un homme nu dont le soleil a hâlé les membres, et dont les cheveux roux sont entrelacés de tiges et d'épis avec à son bras un panier rempli de mûres.

Douter de tout ou tout croire sont deux solutions également commodes, qui l'une et l'autre nous dispensent de réfléchir.

[Henri Poincaré]

Le couronnement de la rosière

Le couronnement de la rosière du village s'effectuait généralement le 14 juillet. Ce jour était fêté nationalement, dans les villes comme dans les campagnes les plus reculées. Le plus petit des bourgs était en liesse. Partout on pavoisait, on illuminait monuments publics et façades particulières. Souvent aussi on distribuait les prix aux enfants des écoles, on jouait dans les prés, sur les places, on buvait dans les cafés et les cabarets, qui pour la circonstance installaient chaises et tables à l'extérieur de l'établissement.

La fanfare municipale défilait joyeusement et bruyamment, sans tenir compte de quelques fausses notes lachées ici ou là, suivie des enfants portant de petits drapeaux tricolores.

Le soir, à la tombée de la nuit, on s'extasiait devant les quelques pétards, feux de Bengale et fusées tonitruantes du feu d'artifice. Puis on dansait devant les débits de boisson, sur les places, dans les rues, souvent jusqu'à l'aube.

Mais revenons à la rosière ! Souvent les candidates devaient avoir entre dix huit et vingt cinq ans, être vierges (qui délivrait le certificat ?). Le jury, généralement composé du maire, du curé et de l'instituteur, tenait compte des qualités morales des intéressées et de leur aptitude au travail. La lauréate devait obligatoirement se marier avant la Toussaint suivante.

La délibération prise, après la distribution des prix des écoles laïques, le maire du village y allait de son petit discours d'usage et remettait le prix de vertu à la lauréate.

Notes

Enfants de paysans

Suite page 70

Une enfance à la campagne n'a rien de commun avec une enfance à la ville. Le petit paysan grandit au contact de la nature et des animaux, apprenant sur le tas les choses de la vie. Au milieu du vingtième siècle, le progrès n'avait pas encore atteint le milieu rural et tout ceux qui ont vécu leurs premières années dans une ferme ont connu ces moments précieux.

Le bébé naissait bien sûr à la maison, attrapé par une femme du village qui faisait office de sage femme. Il était dans la plupart des cas allaité par sa mère, sauf si elle manquait de lait auquel cas on lui donnait du lait de chèvre. L'enfant était enveloppé dans un lange (une bourrasse), les jambes bien serrées, ceci pendant au moins six mois pour le protéger du froid. Le berceau demeurait dans la pièce à vivre et il y avait toujours une grand-mère pour le remuer du pied afin de bercer le nourrisson. L'été, lors des grands travaux qui mobilisaient tous les bras, le bébé était emmené au champ et dormait dans une panière, à l'ombre d'un arbre, protégé des insectes par un voile. Dès qu'il faisait ses premiers pas, il suivait sa mère dans la cour de la ferme, découvrant son environnement, faisant ses premières expériences entre chute dans la bouse de vaches, poignée de grains donnée aux poules ou jeux avec le chien. En règle générale c'était la grand-mère qui servait de nounou, emmenant l'enfant avec elle lorsqu'elle gardait les vaches ou restant avec lui à la maison pendant que les parents s'occupaient de la ferme. La relation avec la grand-mère apportait beaucoup au bambin. Elle lui transmettait toute une tradition orale, lui racontant des histoires qu'on lui avait racontées autrefois, lui parlant de son enfance, l'apprenant à jouer dans la nature. Elle le faisait pêcher les vairons dans le petit ruisseau avec un ver accroché à une épingle retourné ou en plongeant dans le cours d'eau des bouteilles au derrière défoncé, contenant de la mie de pain. Quelle surprise quand on relevait la bouteille dans laquelle grouillait goujons et vairons ne sachant plus ressortir. La grand-mère fabriquait des poupées de chiffon pour sa petite fille, lui montrait comment tresser des joncs ou faire des animaux avec des glands.

Aussi quand l'enfant allait à l'école communale à l'âge de six ans il ne connaissait pas ses chiffres et ses lettres comme les élèves de maternelle des temps modernes, mais il était riche d'une connaissance de la nature et des animaux que ne possédaient pas les enfants des villes. Souvent le patois était sa langue maternelle et il apprenait les rudiments du Français avec son instituteur. L'école apportait la première ouverture sur le monde, lui faisant percevoir des horizons inconnus, prouvant que l'univers ne s'arrêtait pas aux limites de la ferme. Il fallait parcourir à pied 3 ou 4 kilomètres pour se rendre à l'école et le chemin était source de jeux mémorables. Les enfants marchaient en groupe, tous ceux d'un même village ensemble, riant et inventant mille tours. En hiver on n'oubliait jamais de glisser sur les fossés ou les mares quand la glace était très dure.

Trucs et astuces de Mémé

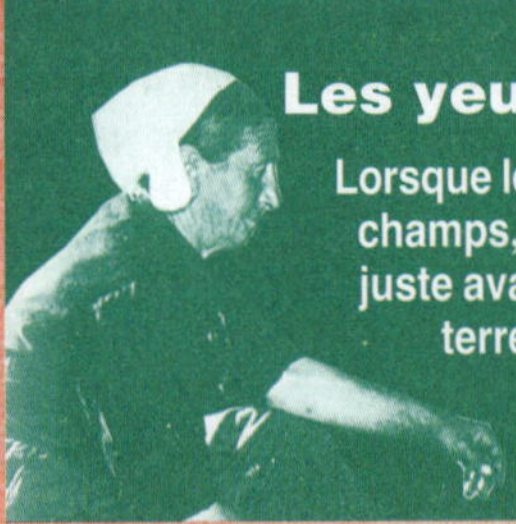

Les yeux fatigués :

Lorsque le soir, après une journée de dur labeur dans les champs, Mémé avait les yeux gonflés, elle s'appliquait juste avant de se coucher deux rondelles de pomme de terre crue, qu'elle laissait quelques minutes.

Une infusion forte de camomille repose aussi les yeux fatigués et irrités.

Dimanche 1er Juillet
ST THIERRY

Matin

Après-midi

Langoustines sautées en salade

Pour 4 personnes

16 grosses langoustines
1 cœur de feuille de chêne
1 cœur de trévise
150 g de mâche

Pour la sauce :
3 cuillerées à soupe d'huile d'olive
1 cuillerée ½ à soupe de jus de citron vert, 1 échalote
½ cuillerée à café de gingembre râpé
Quelques brins de coriandre
Sel et poivre

Epluchez les salades, lavez-les, essorez-les et mélangez les trois variétés.

Pelez l'échalote, hachez-la finement.

Mettez-la dans un bol, ajoutez le gingembre, l'huile, le jus de citron, salez et battez à la fourchette.

Rincez les langoustines.

Séparez les queues des têtes.

Décortiquez les queues en laissant le dernier anneau et la queue.

Salez, poivrez les queues.

Faites chauffer une cuillerée à café d'huile d'olive dans une poêle et posez les queues de langoustines.

Faites-les cuire 2 minutes en les retournant délicatement.

Lorsque les queues des langoustines sont cuites, répartissez-les dans les assiettes sur la salade que vous aurez assaisonnée.

Décorez de feuilles de coriandre, de rondelles de citron et servez.

le saviez-vous ?

Les épis de faîtage

Dans le Sud du Cher au Chatelet, le village des Archers perpétue les traditions des potiers qui fabriquaient des épis de faîtage, objets caractéristiques de cette contrée. Les épis de faîtage ont pour but de protéger la charpente des infiltrations d'eau et sont placés sur les points délicats de la toiture afin d'en assurer l'étanchéité. Ces épis prennent des formes diverses : coq, oiseaux, personnages, étoiles. D'ailleurs, pour les découvrir, la commune du Chatelet a mis en place un circuit pédestre fléché.

Juillet 2012

Lundi 2 Juillet — St Martinien

Matin

Après-midi

Mardi 3 Juillet — St Thomas

Matin

Après-midi

Mercredi 4 Juillet — St Florent

Matin

Après-midi

Jeudi 5 Juillet — St Antoine

Matin

Après-midi

Vendredi 6 Juillet — Ste Mariette

Matin

Après-midi

Samedi 7 Juillet — St Raoul

Matin

Après-midi

Dimanche 8 Juillet — St Thibault

Matin

Après-midi

Juillet

Lundi 9 Juillet
STE AMANDINE

Matin

Après-midi

Mardi 10 Juillet
ST ULRICH

Matin

Après-midi

Mercredi 11 Juillet
ST BENOÎT

Matin

Après-midi

Jeudi 12 Juillet
ST OLIVIER

Matin

Après-midi

Vendredi 13 Juillet
STS HENRI, JOËL

Matin

Après-midi

Samedi 14 Juillet
FÊTE NATIONALE

Matin

Après-midi

Dimanche 15 Juillet
ST DONALD

Matin

Après-midi

Enfants de paysans (suite)

Au printemps on repérait les nids de pies (d'ageasses) ou de corbeaux (d'agroles), et quand on avait l'assurance que les œufs étaient pondus, le plus hardis de la bande grimpait au sommet de l'arbre, encouragé par ses camarades pour rapporter son précieux butin dans son béret. Les œufs étaient ensuite percés à chaque extrémité avec une aiguille, vidés de leur contenu et enfilés sur un fil de laine en un fragile collier. Les filles préféraient chercher les fraises des bois qu'elles enfilaient dans leur gourde remplie d'eau pour obtenir un breuvage parfumé. L'été, les grillons (cricris) ou les hannetons devenaient la cible des galopins. Enfermés dans une boite d'allumettes, les bestioles étaient sorties lors de la récréation et attelées à quelque branchage qu'elles devaient tirer.

L'enfant de paysan connaissait le rythme des saisons et savait profiter des dons de la nature, recherchant les nèfles en hiver et posant des saunées pour attraper des grives, se régalant de fruits en été et en automne, se barbouillant de mûres, sachant trouver les champignons après une pluie chaude.

Très tôt le petit paysan participait aux travaux de la ferme. Dès l'âge de six ou sept ans la garde des vaches au pré devenait son lot quotidien durant les vacances. Un moment privilégié pour fabriquer ses propres jouets : chercher le bois fourchu idéal pour façonner un lance-pierres, couper des tiges de noisetier pour les transformer en chariot à foin, se lancer dans la construction d'un barrage sur le ruisseau et faire tourner un petit moulin dans la retenue d'eau. Mais les tâches de l'enfant ne s'arrêtaient pas là, certains soignaient les cochons en revenant de l'école, tous participaient au ramassage des pommes de terre, aux fenaisons et aux moissons. Emoucher les bœufs avec un feuillage, glaner les épis de blé… etc

Les fillettes venaient très tôt en aide à leur mère. Les enfants étaient nombreux et il n'était pas rare de voir la grande sœur s'occuper du petit frère et même aller rincer ses couches au lavoir.

Le cycle de la vie à travers les animaux et les plantes étaient le quotidien de l'enfant. Très jeune, sa mère lui attribuait un carré de jardin dans lequel il expérimentait la germination, très fier d'apporter sur la table ses premiers radis.

Peu d'occasions de sortir de ce milieu laborieux : accompagner les parents à la foire permettait d'entrevoir une vie trépidante, se rendre à l'assemblée du village où on leur offrait un tour de manège, étaient bien les seules occasions. Le carnaval apportait un peu de gaieté en cette fin d'hiver et les parents aidaient les gamins à se déguiser pour passer dans toutes les maisons où les villageois leur offraient un œuf ou une pièce. Seconde fête, Noël leur apportait une pipe en sucre rouge, quelques oranges, mais rarement un jouet avant les années cinquante.

Ces enfants de la première moitié du vingtième siècle étaient largement aussi heureux que ceux d'aujourd'hui. Ils ne connaissaient pas autre chose et n'aspiraient à rien d'autre qu'à courir dans les champs pour consommer leur enfance, loin des médias d'aujourd'hui qui créent le besoin et l'envie.

Jeanine Berducat

le coin Cuisine

Gâteau flamand

Pour 4 personnes

4 œufs
250 g de farine
250 g de sucre
125 grammes de beurre
80 g d'amandes
1 tasse de lait
1 sachet de levure
2 sachets de sucre vanillé

Casser les œufs dans une terrine, y mélanger les sucres et tourner jusqu'à ce que les sucres soient fondus.

Ajouter le lait, puis la farine, la poudre d'amandes, le sachet de levure et le beurre réduit en crème.

Verser le mélange dans un moule beurré.

Laisser reposer 1/4 d'heure et faire cuire à four doux.

Trucs et astuces de Mémé

ouvrir facilement des noix :

Si vous avez du mal pour casser la coque des noix avec un casse-noix traditionnel, Mémé avait un moyen très facile. Elle plongeait les noix dans un récipient plein d'eau légèrement salée et les laissait tremper toute la nuit.

Le lendemain matin, vous pourrez aisément casser les noix sans qu'elles ne s'effritent.

le saviez-vous ?

Nana est berrichonne

Pour composer le personnage de Nana, Emile Zola s'est inspirée de la tumultueuse Blanche d'Antigny, native de la Brenne, chanteuse et actrice mondaine sous le second empire. Elle passa son enfance à Mézières en Brenne, avant d'aller dans un couvent. Elle fut demoiselle de magasin à Paris et eut de nombreux soupirants dont le prince Mesentsoff qui l'emmena en Russie. Revenue en France elle se lança dans la comédie et devint une vedette adulée, mais son ascention fulgurante sera interrompue par la typhoïde qui l'emporte à l'âge de 34 ans.

Juillet 2012

Lundi 16 Juillet — N.D. Mt Carmel

Matin

Après-midi

Mardi 17 Juillet — Ste Charlotte

Matin

Après-midi

Mercrerdi 18 Juillet — St Frédéric

Matin

Après-midi

Jeudi 19 Juillet — St Arsène

Matin

Après-midi

Vendredi 20 Juillet — Ste Marina

Matin

Après-midi

Samedi 21 Juillet — St Victor

Matin

Après-midi

Dimanche 22 Juillet — Ste Marie-Madeleine

Matin

Après-midi

Juillet

Lundi **23** *Juillet*
STE BRIGITTE

Matin

Après-midi

Mardi **24** *Juillet*
STE CHRISTINE

Matin

Après-midi

Mercredi **25** *Juillet*
ST JACQUES

Matin

Après-midi

Jeudi **26** *Juillet*
STS ANNE, JOACHIM

Matin

Après-midi

Vendredi **27** *Juillet*
STE NATHALIE

Matin

Après-midi

Samedi **28** *Juillet*
ST SAMSON

Matin

Après-midi

Dimanche **29** *Juillet*
STE MARTHE

Matin

Après-midi

La seconde jeunesse du four à chaux

« Ça rapporte rien, ça sert à rien », c'est en ces termes que Bernard Gesset présente le four à chaux de Venesmes. Ce témoin d'un autre temps qui fonctionna durant quelques années à la fin du XIXème siècle est souvent qualifié ainsi par les gens du pays. Et il faut reconnaître que l'entreprise n'a pas été un véritable succès entrepreneurial. Aujourd'hui, certainement pour se faire pardonner, elle fait le bonheur intellectuel de Bernard Gesset. Tour à tour, l'endroit a été une fabrique de pierre lithographique puis de chaux. Avec le déclin de la lithographie, l'entreprise a été forcée de recentrer son activité en produisant de la chaux. Durant le XXème siècle, l'ancien site industriel n'a pas du tout fonctionné. Au mieux, les pierres qui composaient les deux fours ont été volées au fil des ans pour bâtir des maisons.

Le four à chaux fait un diamètre extérieur de 7,30 mètres et un diamètre intérieur de 3 mètres. L'épaisseur des murs pour retenir la chaleur du four qui, « intra muros », pouvait atteindre la température de 1000°C, était de 2,15 mètres. Le four à chaux qu'il est possible de voir sur la photo ci-contre, s'allonge sur une hauteur de 11 mètres. Il faut aussi signaler que pour maintenir la température, l'intérieur du four est habillé d'un bouclier thermique en briques. Elles aussi sont toutes « une histoire à elle seule », assure Bernard Gesset. Mais, nous quitterions l'objet de ce texte. Le temps de cuisson pour produire la chaux demandait pas moins de 150 heures continues. Ainsi, les hommes se relayaient au fil du temps sous le regard et l'autorité du Chaufournier pour pouvoir produire environ 35 m3 de chaux vives.

La chaux est un élément qui a de tout temps été utile aux hommes. « Dès – 3000 ans avant Jésus Christ, la chaux servait à par exemple fabriquer le torchis des maisons. Elle servait aussi à juguler les épidémies en brulant les corps infectés. Elle trouve aussi des débouchés dans l'agriculture. Elle est partout ! », lance Bernard Gesset. Travailler dans un four à chaux était un véritable travail de forçat. « Lorsque quelqu'un n'était pas habitué à travailler dans ce secteur, il pouvait avoir des saignements de nez à cause des fumées. »

Entre 2002 et 2006, Bernard Gesset s'est échiné tel un archéologue à débarrasser le four et ses alentours de tous les encombrants pour avoir une idée exacte de l'installation industrielle. Puis, un entrepreneur a effectué les travaux pour restituer, grâce aux archives trouvées au fil des années par Bernard Gesset, le four à chaux originel. Il est d'ailleurs labellisé par la Fondation du Patrimoine Centre Loire. Bernard Gesset a toujours été un amoureux de la vieille pierre. Une passion qui le piquera alors « qu'il travaille entre 1979 et 1980 en Angleterre. J'étais frappé par l'entretien des bâtiments et des boiseries. C'était magnifique. C'est dommage, chez-nous on laisse tout pourrir ou on casse. » C'est au choix.

Aujourd'hui, l'association des Amis du Four à Chaux de Venesmes organise tous les ans des fêtes et brocantes pour parvenir à payer les frais d'entretiens du bâtiment historique ainsi que l'éclairage. Bernard Gesset assure aussi des visites sur rendez-vous tout au long des saisons. Il faut aussi noter que le four à chaux, d'après Bernard Gesset, est le dernier à « être encore debout dans le département. » Il a été retapé à l'identique et selon le procédé de l'époque et n'est pas prêt de tomber.

Guillaume Roche

le coin Cuisine

Côtes de bettes au lard

Pour 4 - 6 personnes

1,5 kg de côtes de bettes
180 g de lardons fumés
50 g de beurre
2 échalotes
1 verre de bouillon
2 bonnes cuillérées à soupe de crème fraîche
Persil haché

Nettoyez les côtes de bettes en retirant les parties filandreuses (les feuilles peuvent être cuisinées comme des épinards).

Coupez les côtes en morceaux, lavez-les. Faites revenir les lardons dans le beurre pendant 10 min en remuant.

Ajoutez les échalotes hachées, les bettes, mouillez de bouillon à hauteur, assaisonnez ; couvrez et laissez mijoter 40 min.

Au moment de servir, liez avec la crème et saupoudrez de persil.

Trucs et astuces de Mémé

Vous avez les jambes lourdes :

Mémé mettait dans un récipient 80 millilitres d'huile végétale d'amande douce, 2 millilitres d'huile essentielles de genévrier, 8 millilitres d'huile essentielle de citron, et mélangeait bien le tout.

Puis elle se lavait les jambes à l'eau froide, et après les avoir séchées elle se massait avec cette préparation.

le saviez-vous ?

Anciennes superstitions dans nos campagnes

Il fallait sortir les veaux à reculons quand on les séparait de leur mère ; ne commencer à labourer qu'après avoir promené trois fois du pain et de l'avoine, avec un cierge allumé, autour de la charrue ; ne pas filer ni coudre le jeudi et le vendredi, parce que cela faisait pleurer la sainte Vierge. Tracer une croix sur la cheminée empêchait les poules de s'égarer ; jeter du buis bénit sur le fourrage éloignait les insectes ; jeter du pain dans un puits l'empêchait de tarir, enfin mettre les os d'une tête de jument dans le jardin faisait mourir les chenilles.

Lundi 30 Juillet
Ste Juliette

Matin

Après-midi

Mardi 31 Juillet
St Ignace de L.

Matin

Après-midi

Notes

L'homme de Fer

Briantes est un petit village paisible à quelques kilomètres de La Châtre. En traversant le bourg et les différents lieux-dits qui le composent, une première impression se fait jour. Ici, on aime la vie ! Les portes, les fenêtres, les granges, les portails sont parés de couleurs. Du vert amande au bleu nuit, les longères et fermettes de ce coin-ci de la vallée noire respirent la gaieté.

En prenant rendez-vous par téléphone, mon hôte (CX, artiste ferrailleur) m'avait dit d'aller jusqu'à Beaumont et là, au carrefour, de donner un coup d'œil vers la droite où je ne manquerais pas de voir sa maison... rouge ! Avec cet itinéraire en poche, je me dirigeais donc sans encombre jusqu'à Briantes... avant de constater que la brume allait rendre mon voyage nettement plus périlleux. Au carrefour, point de maison rouge, juste des façades dont contours et couleurs se perdaient dans un embrun opaque d'une blancheur alarmante. J'étais déjà en retard et je n'y voyais plus rien ! La technologie moderne s'est heureusement portée à mon secours et j'ai finalement pu donner un visage à la voix de CX. Portes et fenêtres de sa maison étaient effectivement écarlates mais ce n'est pas cela le plus intéressant de la visite qui m'attendait...

CX, alias Xavier Carnet, est berrichon d'adoption. Dans le civil, il exerce la profession d'ambulancier ; pourtant, son cœur bat au rythme d'une passion bien différente. CX aime la ferraille. Tous ces vieux outils agricoles, ces cadres de vélos, ces sièges de tracteurs, ces pièces de motos, de voitures ou d'avions et autres extincteurs, écrémeuses et pulvérisateurs, etc., toutes ces choses que vous apportez consciencieusement à la déchetterie parce qu'ils embarrassent votre garage, CX les utilise, les assemble, les recrée. « En fait, explique-t-il dans un sourire, je sauve la vie de la ferraille condamnée. » Dans son atelier, petit capharnaüm d'Ali-CX-Baba, des milliers d'objets s'entassent dans l'attente d'un nouveau projet. Ils seront peut-être utilisés pour concevoir le corps d'un gendarme, d'une sirène ou d'un coq. « J'aime les détourner et faire un oiseau avec un extincteur, des oreilles d'éléphant avec un siège de tracteur. » CX invente mille personnages fascinants, touchants et drôles à l'image de Simone, la CAF et de Tartine, la reine des Cuisines. Il semblerait que son imagination n'ait pas de limite puisqu'il crée aussi bien des meubles (tables de salle à manger, de salon), des pendules, des lampes, des escaliers que des objets purement

Image d'hier !

décoratifs. « C'est le morceau de ferraille qui m'inspire, sa forme, sa couleur. Je ne suis pas diplômé d'une école d'art. Je ne sais pas dessiner. Je ne fais pas de calcul. J'ai simplement une idée en voyant un objet. J'imagine la façon dont je vais pouvoir l'utiliser, l'assembler avec un autre et je me mets au travail. L'important pour moi est de respecter la matière et de lui rendre sa noblesse en la remettant à blanc. »

S'il a toujours été bricoleur, CX n'avait jamais touché un poste à souder avant 1998. C'est un ami plombier qui lui explique comment s'en servir. Il a, en effet, de menus travaux à faire dans sa maison et a décidé de s'y atteler personnellement. « Et puis, j'ai commencé à assembler différents objets pour m'amuser et apprendre à mieux souder. J'ai réalisé une première sculpture, la Guerrière et puis, j'ai continué. Je récupérais de la ferraille chez des amis, dans des brocantes, des déchetteries. Deux, trois, quatre sculptures que j'ai présentées aux Rencontres de l'Art de Thevet Saint Julien en 99. Aujourd'hui, tout ce que je produis, je le vends. Je n'ai pas de stock. » Des entreprises, des restaurants, des particuliers acquièrent les œuvres de CX et tous les deux ans, il fait une nouvelle exposition où il présente ses créations.

Avant ce rendez-vous à Briantes, je pensais (comme tout le monde) que la ferraille, c'était froid, sale et dangereux. CX se retrouve, d'ailleurs, souvent aux urgences à cause d'un éclat dans l'œil et possède un petit stock de collyre pour parer à toutes les éventualités. J'aurais jeté, sans une once de compassion, outils rouillés et aciers rongés. Aujourd'hui, lorsque mon regard s'est posé sur les créations de CX, j'ai compris à quel point je m'étais trompée. La ferraille n'est plus la même lorsqu'elle rencontre son imagination. Elle devient étincelante, chaleureuse, voluptueuse. Elle joue avec la lumière, nous fait des clins d'œil, nous rappelle quelqu'un, fait entendre sa voix. Elle s'anime et c'est un véritable prodige que d'avoir réussi à donner mouvement et grâce à des objets du quotidien abîmés et surannés. En révélant leur véritable nature, il se fait le bon génie des causes perdues. Chapeau bas, Mister CX !

Maud Brunaud

Image d'hier !

brico lage

Installer un détecteur de fumée

Les endroits où il est impératif de mettre un détecteur de fumée, afin d'optimiser son utilité :

- Pour un équipement de base, il est conseillé d'installer un détecteur par étage de la maison.
- Afin d'optimiser votre détecteur, installez-le dans le couloir.
- Si votre logement est pourvu d'un escalier, il est nécessaire d'y placer un détecteur.
- Pour un équipement optimal, installez un détecteur par chambre ainsi qu'un détecteur dans la cuisine et l'atelier.

Les endroits à éviter :

- Les pièces trop poussiéreuses.
- A proximité des néons.
- Dans la salle de bain.
- A moins d'un mètre de la ventilation.
- Dans un garage où vous bricolez et où vous démarrez votre voiture.

Où installer le détecteur :

Parce qu'un détecteur mal placé ne réagira pas à la fumée, il est important de respecter certaines règles :

- comme les fumées montent, le détecteur fonctionnera parfaitement au plafond. Evitez de mettre le détecteur de fumée dans les coins (où l'air circule mal). Le détecteur de fumée se met idéalement au milieu de la pièce ou à 30 cm des bords.
- si vous ne pouvez pas installer votre détecteur au plafond, vous pouvez le mettre au mur. Le détecteur de fumée devra alors être en hauteur à 30 cm maximum du plafond et à 60 cm des angles.

Poser le détecteur

- Pour mettre en place le détecteur, il suffit généralement de le fixer au mur avec les attaches prévues à cet effet, en suivant à la lettre les instructions du fabricant.

Entretenir le détecteur

- Pour qu'il soit efficace, le détecteur dot être régulièrement entretenu.
- Vérifiez tous les mois son bon fonctionnement en appuyant sur son bouton test.
- Dépoussiérez régulièrement le détecteur.
- Si besoin, remplacez la pile au moins une fois par an.

côté jardin

Août

Travaux divers

Laissez pousser le lierre le long de vos murs de maison : il n'est pas porteur d'humidité et entretient la pierre ; mais empêchez-le d'envahir les gouttières et les chenaux. Dans les prés, rentrée des foins, curage des fossés, fauchage des ronciers, vérification des écoulements. S'occuper de tout ce qui doit être consommé pendant l'hiver. Pour les plantations de bulbes en automne, tracez les emplacements et les formes des massifs.

Potager

Liez les salades que vous voulez faire blanchir. Arrachez oignons, échalote, ail. Repiquez poireaux, choux-fleurs, chicorées. Coupez les tiges d'artichauts qui ont cessé de produire. Arrachez les vieilles souches. Défoncez le terrain en y incorporant une forte fumure. Eclaircissez les semis et bassinez chaque jour ainsi que les repiquages. Arrosez matin et soir. N'oubliez pas, au potager, de semer comme en juillet les navets d'hiver.

Verger

Greffez des boutons à fruits sur les arbres rebelles à la fructification ou les branches dénudées. Greffez le groseiller (de côté). Ecussonnez l'amandier, le neflier, l'olivier, le pêcher, le poirier, le prunier et la vigne. Cueillez les dernières cerises et contre le chancre traitez les cerisiers à la bouillie bordelaise. Etayez les arbres trop chargés de fruits. Cueillez la poire William quelques jours avant sa maturité, vous la dégusterez mieux en fin de semaine..

Fleurs

Repiquez en pépinière les giroflées, pensées, myosotis semés en juin-juillet pour garniture hivernale des corbeilles. Divisez et mettez en pots les marcottes d'œillets. Rempotez les arbustes à hiverner : azalées, rhododendrons. Pincez et ligaturez les chrysanthèmes, arrosez-les à l'engrais. Lorsque vous sortez au jardin vos plantes d'appartement, évitez les changements brusques de température.

Le jeu du mois d'aout

Solution page 128

BRACE · PEPI · FLITE · AUE · RAMIN · RAPINE · LOVIE · HECROR · ESILLO

Tous ces noms sont dans le dessin. Pour retrouver chacun de ces mots, remettez les lettres dans le bon ordre.

Août

2012

Lion du **24** juillet au **23** août

Vierge du **24** août au **23** septembre

Avant Auguste, empereur romain, ce mois était nommé *“ sextilis ”*, parce qu'il avait été autrefois le sixième mois de l'année. Il prit le nom d'Augustus donné par les Romaines en l'honneur de l'empereur. Ce mot, transformé, est arrivé jusqu'à nous, réduit successivement, par les contractions, à cette seule syllabe, *“ oût ”*.
Quelque temps plus tard Néron, par imitation, voulut faire appeler le mois d'avril “ neroneus ”, mais la tentative échoua.

Il n'existe que deux espèces de folies contre lesquelles on doit se protéger. L'une est la croyance selon laquelle nous pouvons tout faire. L'autre est celle selon laquelle nous ne pouvons rien faire.

[André Brink]

Les orages d'août

Quand la couleuvre traverse le chemin, orage demain matin. Autrefois la vue d'un serpent était considérée comme annonciatrice de perturbations atmosphériques, ces reptiles aimant l'humidité et sortant de leur trou lorsque le degré hygronométrique de l'air est suffisamment élevé à leur goût.
L'angoisse des hommes devant le feu et la foudre était telle qu'ils observaient de très près le signe précurseur des orages. En quelques instants, le travail de toute une vie pouvait être anéanti : incendie des bâtiments en bois et des tréteaux de chaume, dégradations des récoltes et des vignobles, animaux tués...
Il est alors hors de question de s'abriter sous des arbres (la foudre les frappant très souvent), de s'appuyer sur des fils de fer barbelés, de se mettre à courir, de se promener avec un outil sur l'épaule, de faire des courants d'air...
Les moyens de se protéger de la foudre et de ses effets sont venus du fond des âges ; ainsi voit-on un fer à cheval armer une porte de grange ou d'étable.
Au plus fort de l'orage ou en cas de tempête et d'innondations, sainte Barbe était invoquée.

Notes

Mercredi **1er** *Août*
ST ALPHONSE

Matin

Après-midi

Jeudi **2** *Août*
ST JULIEN EYM.

Matin

Après-midi

Vendredi **3** *Août*
STE LYDIE

Matin

Après-midi

Samedi **4** *Août*
ST J.-M. VIANNEY

Matin

Après-midi

Dimanche **5** *Août*
ST ABEL

Matin

Après-midi

D'après un texte d'Alfred Laisnel de la Salle La légende du clos du Roy

La ville de Vierzon, industrielle et connue pour ses tracteurs, n'a pas toujours été sous le signe de l'industrie. Et peut se prévaloir d'avoir, elle aussi, ses contes et légendes. L'une d'elles d'ailleurs explique pourquoi la journée de travaille des vignerons s'arrête toujours à 17h précisément. En des temps immémoriaux, il vivait à Vierzon une noble personne. Elle était Le Roi de Vierzon et possédait un vaste vignoble, Le clos du Roy. La propriété vinicole était chère à ses yeux. A dire vrai, le roi de Vierzon pouvait observer ses serfs travailler au milieu des ceps de vignes depuis le donjon du château. Au fil des jours, le monarque constatait que ses paysans ne mettaient plus d'ardeur dans la besogne. Ils se reposaient tous de longs instants sur leurs outils. Et naturellement, le seigneur des lieux ne pouvait pas tolérer plus longtemps une telle situation. En se rendant dans les vignes, il demanda à l'un de ses manants pourquoi il ne travaille pas ? L'impérieux souverain se vit répondre que le travail est dur et les journées longues du levé au couché du soleil. Après plusieurs interrogatoires, le roi se vit tout le temps opposer les mêmes arguments par ses paysans. Interpellé par la situation, le Roi n'abusa pas de son autorité et décida de vérifier par lui-même la difficulté du métier. Ainsi, affublé comme ses paysans, il décida de se fondre dans la masse et de travailler durant toute une journée. Mais après plusieurs harassantes heures de travail, à 17h, le roi tomba de fatigue. Il jeta son pic et s'assit. Avant de se faire réprimander par le maître vigneron, le roi se fit connaître et décida de rassembler ses serfs qui furent étonnés de le voir habillé ainsi. Devant l'assemblée, le roi décréta que désormais la journée des vignerons se terminera toujours à 17h. Pour terminer cette anecdote, il est possible de mettre en parallèle cette légende avec un fait historique local : au XVIème siècle, un conflit éclata du côté de Sens et Auxerre à propos de la durée du travail journalier et le salaire des ouvriers de la vigne.

G.R

Trucs et astuces de Mémé

Mauvaises odeurs des galoches :

Mémé avait un truc infaillible contre les mauvaises odeurs des bottes et des galoches. Elle saupoudrait l'intérieur de bicarbonate de soude et le laissait jusqu'à la prochaine utilisation, le bicarbonate de soude éliminant les odeurs et empêchant la formation de champignons. Avant de remettre la chaussure il faut bien la secouer à l'envers.

le coin Cuisine

Galettes de pommes de terre

Pour 4 personnes

80 g de pommes de terre
2 jaunes d œuf
75 g de beurre
Sel et poivre
Noix de muscade
3 c. à soupe de farine
persil à volonté
50 g de beurre pour la cuisson

Eplucher les pommes de terre, les faire cuire dans de l'eau salée, ensuite vider l'eau et écraser les pommes de terre et faire dessécher sur le feu, ajouter le beurre et mélanger bien.

Hors du feu ajouter les jaunes d'œufs, mélanger, assaisonner avec le sel, le poivre et la muscade.

Façonner à la main des boulettes, passer ces boulettes dans la farine et les aplatir.

Faire dorer des 2 côtés dans le beurre chaud.

Saupoudrer de persil et servir.

Faire blanchir le chou 10 min a l'eau bouillante, puis le faire cuire 30 min dans l'eau bouillante salée.

Egoutter et couper en lanières, recouvrir de sauce béchamel et faire gratiner.

le saviez-vous ?

La liberté amoureuse de la femme

En 1842, George Sand plaide cette cause qu'elle défend en ces termes :

« C'est celle de la moitié du genre humain, c'est celle du genre humain tout entier ; car le malheur de la femme entraîne celui de l'homme, comme celui de l'esclave entraîne celui du maître. (...) La guerre sera longue, mais je ne suis ni le premier, ni le seul, ni le dernier champion d'une si belle cause, et je la défendrai tant qu'il me restera un souffle de vie ».

Lundi 6 Août
TRANSFIGURATION
Matin
Après-midi

Mardi 7 Août
ST GAÉTAN
Matin
Après-midi

Mercrerdi 8 Août
ST DOMINIQUE
Matin
Après-midi

Jeudi 9 Août
ST AMOUR
Matin
Après-midi

Vendredi 10 Août
ST LAURENT
Matin
Après-midi

Samedi 11 Août
STE CLAIRE
Matin
Après-midi

Dimanche 12 Août
STE CLARISSE
Matin
Après-midi

Août

Lundi 13 Août
ST HIPPOLYTE

Matin

Après-midi

Mardi 14 Août
ST EVRARD

Matin

Après-midi

Mercredi 15 Août
ASSOMPTION

Matin

Après-midi

Jeudi 16 Août
ST ARMEL

Matin

Après-midi

Vendredi 17 Août
ST HYACINTHE

Matin

Après-midi

Samedi 18 Août
ST HÉLÈNE

Matin

Après-midi

Dimanche 19 Août
ST JEAN-EUDES

Matin

Après-midi

La levrette

Le folkloriste et ethnologue français Alfred Laisnel de la Salle (1801-1874), ami de George Sand, a, à ses heures, croqué en mots le Berry. Il a notamment raconté dans ses travaux l'histoire de La levrette. D'emblée, avant d'aller plus loin dans la narration, il faut dissiper un doute : La levrette dans cette histoire n'a rien à voir avec la position sexuelle du Kamasutra.

Par un soir, un braconnier dans les environs de la commune de Lacs dans l'Indre, était à l'affût non loin d'un petit bois. Soudainement, il vit sortir d'un taillis une bête blanche. A sa grande surprise, l'homme pense apercevoir La Levrette. Et pour reprendre les mots d'Alfred Laisnel de la Salle : le paysans « détale-t-il à grand'erre. » Dans sa course, il n'a même pas eu le réflexe d'utiliser son fusil. Pour tout dire, il n'osait pas même pas regarder par-dessus son épaule. Arrivé au village, il pousse la porte-coupée de la première maison. Le braconnier se risque à regarder enfin derrière-lui quand il voit à une vingtaine de pas de lui… la Levrette. Sans aucune hésitation, le braconnier tir sur la bête. Réveillés par le grabuge et le coup de fusil, les propriétaires sautent du lit. Quand ils reconnaissent l'homme avec le fusil en main, ils décident d'aller voir ensemble la si terrible Levrette. Naturellement, les trois connaissances prirent toutes les précautions pour prévenir du mauvais sort. Alfred Laisnel de la Salle s'amuse à écrire que ces derniers étaient munis d'eau bénite et faisaient beaucoup de signes de croix. Tout d'un coup, l'épouse du maître de maison s'écrie :

- Ah ! Le malheureux ! Il a tué ma chèvre !

L'animal domestique s'était égaré la veille dans les champs. Et précautionneux, ses propriétaires avaient même laissé la porte entrouverte si leur chèvre voulait rentrer. Subitement penaud à cause de sa méprise, le braconnier demande à ses deux voisins de ne pas ébruiter l'aventure. Naturellement, il repaya une chèvre.

G.R

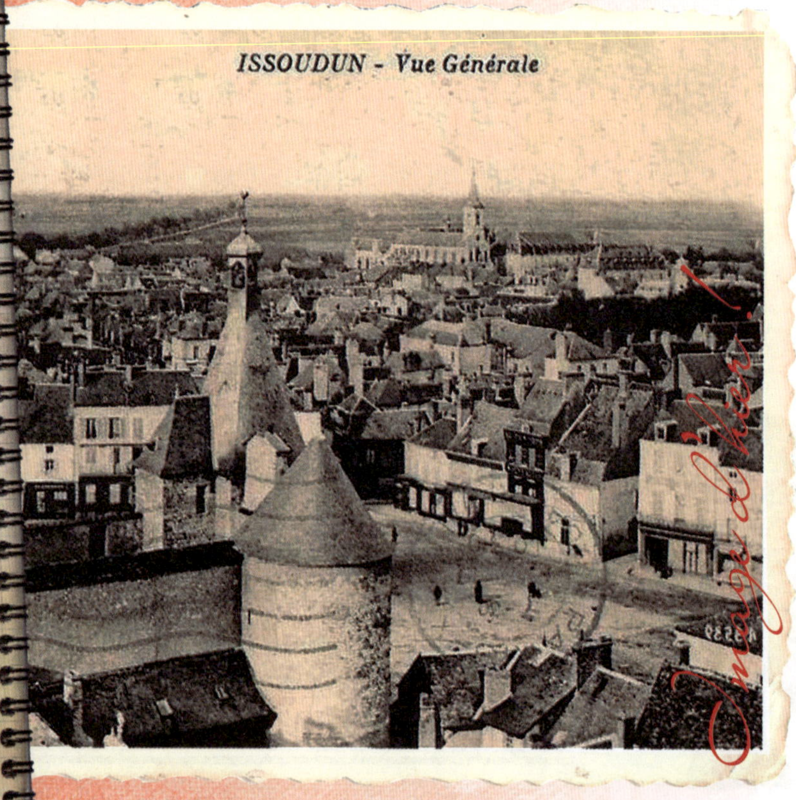

le coin Cuisine

Oie en salmi

Pour 4 personnes

1 oie rôti
4 échalotes
30 cl de vin
30 cl de bouillon
Sel et poivre
Bouquet garni
1 cuillérée à soupe d'huile
Jus de citron
Tartines de pain

Découpez l'oie rôtie en morceaux ; faites un roux dans lequel vous ferez revenir quatre échalotes.

Ajoutez une demi-bouteille de vin et le bouillon, le sel, le poivre, et le bouquet garni ; faites bouillir, puis mettez les morceaux d'oie, faites mitonner pendant une demi-heure : au moment de servir, liez votre sauce avec une cuillerée d'huile et un jus de citron ; faites griller des tartines de pain que vous rangez autour du plat.

Mettez les morceaux d'oie dans le milieu, et versez la sauce dessus.

Trucs et astuces de Mémé

Porcelaine cassée :

Mémé savait recoller les assiettes en porcelaine : pour cela elle épluchait et pilait une gousse d'ail, puis avec la pâte obtenue elle frottait les bords cassés, elle remettait les morceaux en place bord à bord et maintenait le tout avec une ficelle. Ensuite elle mettait l'assiette dans un récipient empli de lait bouillant tout en laissant une partie de l'assiette à l'extérieur du liquide. Quelques minutes après elle était recollée.

le saviez-vous ?

Abbaye de Loroy

Située près d'Achères dans le Cher, cette abbaye datant de 1125 borde la forêt de Saint Palais ; elle est devenue célèbre grâce à Alain Fournier qui y a situé sa " fête étrange " . Elle a connu des années de prospérité, mais la guerre de cent ans, puis les guerres de religion l'ont dévastée. Reconstruite par les moines, elle a été abandonnée à la Révolution, terres vendues et église démolie.

Lundi 20 Août
ST BERNARD
Matin
Après-midi

Mardi 21 Août
ST CHRISTOPHE
Matin
Après-midi

Mercredi 22 Août
STFABRICE
Matin
Après-midi

Jeudi 23 Août
STE ROSE DE LIMA
Matin
Après-midi

Vendredi 24 Août
ST BARTELÉMY
Matin
Après-midi

Samedi 25 Août
ST LOUIS
Matin
Après-midi

Dimanche 26 Août
STE NATACHA
Matin
Après-midi

Les monuments historiques berrichons sur grand écran

Suite page 83

La Fontaine de Trévi à Rome, Le Mont Rushmore aux Etats-Unis, le quartier de Montmartre à Paris… autant de lieux où la grande Histoire a rejoint celle du Septième Art. La Dolce Vita de Fellini, La Mort aux trousses d'Hitchcock, Le fabuleux destin d'Amélie Poulain de Jeunet ont été tournés en décors naturels. Outre ces endroits mythiques à plus d'un titre, les cinéastes se sont aussi intéressés à des régions plus « confidentielles », à des monuments tout aussi magnifiques, chez nous, en Berry.

Proportionnellement parlant, il y a plus de longs-métrages qui ont choisi l'Indre plutôt que le Cher comme décor. Cependant, Bourges et son département ont accueilli de très beaux tournages. C'est en effet dans trois sites majeurs de la région qu'ont été tournées des scènes de la Princesse de Montpensier de Bertrand Tavernier. Installés à l'abbaye cistercienne de Noirlac, au château de Meillant qui date du XVème siècle ainsi qu'au Palais Jacques Cœur, le réalisateur et ses comédiens (Mélanie Thierry et Lambert Wilson entre autres) se sont rendus au cœur de l'hiver 2009 dans le Cher. Un regret cependant nous étreint après la projection du film : si c'est à Noirlac et Bourges que l'on a tourné, nul trace à l'écran. Ces décors pourtant somptueux sont très peu reconnaissables. On voit heureusement un peu mieux Meillant.

Dans l'Indre, les châteaux ont été investis par les équipes de cinéma. Ceux de Bouges et de Valençay ont été immortalisés sur grand écran dans Le Colonel Chabert d'Yves Angelo avec Gérard Depardieu et Fanny Ardant et dans les Noces Rouges de Claude Chabrol. La halle du XVIIème siècle de Sainte-Sévère est elle bien présente dans le film de Jacques Tati, Jour de Fête puisque c'est juste à côté de ce édifice classé monument historique que s'installent les forains, Marcel et Roger.

Enfin, dans l'Indre comme dans le Cher, les demeures d'écrivains célèbres ont attiré les caméras. C'est le cas de la maison de George Sand qui a été le théâtre de plusieurs tournages de films et téléfilms et de l'école d'Epineuil-le-Fleuriel où Alain-Fournier passa les premières années de sa vie et situa son Grand Meaulnes. En 1967, c'est là que Jean-Gabriel Albicocco décide de tourner l'adaptation du roman avec Brigitte Fossey au casting.

Image d'hier !

le coin Cuisine

Gâteau à l'anis

Pour 4 personnes

4 œufs
150 g de sucre en poudre
1 sachet de sucre vanillé
Le jus d'un citron
125 g de farine
La valeur d'un dé à coudre d'anis
½ sachet de levure alsacienne "alsa"

Prendre les œufs, séparer les blancs des jaunes, mettre ces derniers dans un saladier avec le sucre en poudre, le sucre vanillé et le jus de citron.

Mélanger le sucre et les jaunes d'œufs, incorporer, alors, la farine, l'anis et la levure alsacienne.

Battre les blancs en neige ferme, les ajouter à la pâte.

Faire cuire au four environ 35 minutes. Four doux.

Pourquoi ne pas visiter le Berry en suivant les tournages qu'il a accueillis, vous découvrirez ainsi tout ce qui fait sa richesse et son intérêt. Sur les traces de la Vouivre et de Voleurs de chevaux, partez à la conquête de la Brenne. En suivant le Franciscain de Bourges, sillonnez les rues de la cité et approchez-vous de la prison du Bordiot. En Berry, si l'Histoire est présente à chaque coin de rue, le cinéma n'est jamais loin.

Maud Brunaud

le saviez-vous ?

Les châtaignes du Boischaut Sud

Pays de châtaignes, le Boischaut Sud possède des variétés locales que l'association Fruits du Terroir s'efforce de sauvegarder. La Nousillade vient du mot patois nousille, la Patouillette a la chair jaune, la Pointue est précoce, mais ne se conserve pas, la Bantarde est une grosse châtaigne, la Bossue a une forme peu régulière, la Bouchaud, la Ronde, la Torse et la Vert Josnon ont chacune leur particularité.

Lundi **27** Août
STE MONIQUE

Matin

Après-midi

Mardi **28** Août
ST AUGUSTIN

Matin

Après-midi

Mercrerdi **29** Août
STE SABINE

Matin

Après-midi

Jeudi **30** Août
ST FIACRE

Matin

Après-midi

Vendredi **31** Août
ST ARISTIDE

Matin

Après-midi

Notes

La maison familiale

La maison familiale accroche sa nostalgie aux tuiles brunes de son toit. Elle somnole, riche de toutes ces vies qu'elle a abritées. Stoïque, elle a su traverser le temps. Elle en a vu des enfants grandir entre ses murs, génération après génération, elle en a entendu des histoires de jadis et elle porte en elle ces empreintes du passé pour les léguer à ceux de demain. Chacun a apporté sa pierre pour la rendre solide, indestructible et fidèle aux siens. Elle a des souvenirs plein la tête, des joies et des peines, les premiers pas de Nicolas, les bassines de confiture de tante Olga, les colères historiques du grand-père Léon, les doux après-midi d'été sous la pergola, les jeux d'enfants et les cabanes dans le parc.

Aussi il règne dans la maison familiale une atmosphère particulière, faite de respect pour le passé, de bonheur à partager, de mystère comme si l'âme de tous ceux qui y ont vécu planait dans chaque pièce. On s'y sent bien, en communion avec ceux d'avant et pourtant tourné vers l'avenir pour y accueillir les plus jeunes. On n'a pas raté le passage des siècles, la salle de bain a trouvé sa place à côté de la grande chambre, la cuisine s'est aménagée et dotée d'électro-ménager. Pourtant, les poutres de chêne, patinées de fumée, sont toujours là et les pierres de granit à l'aspect rugueux, encadrent les fenêtres. C'est un mélange d'hier et d'aujourd'hui qui lui donne ce charme désuet, cette force tranquille, cette solidité. On s'y réunit, on y tisse des liens pour les générations futures, on y évoque les anciens. Lieu de pèlerinage, hors du temps, on y puise la force de poursuivre parce qu'on sait que ses racines y sont profondément ancrées.

Ma maison familiale est de ceux-là. Elle résonne de mes cris et rires de petite fille, d'une enfance protégée et entourée de grands-pères et de grands-mères aux petits soins pour moi. Une maison où nous vivions en communauté familiale, à sept sous le même toit. Elle était conçue pour que chacun y trouve sa place sans se gêner. Mon père l'a transformée, modernisée et nous avons, durant des années, partagé le bonheur d'y vivre tous ensemble. Puis, un à un, les plus anciens nous ont quittés, laissant leur trace indélébile aux quatre coins de la maison. On ne rompt pas facilement avec les habitudes. La vie moderne a envoyé les plus jeunes vers d'autres cieux, d'autres lieux de travail. Mais la maison retentissait encore de la joie de se retrouver chaque week-end, accueillant les derniers nés.

Image d'hier !

Et puis mon père est parti à son tour, lui que je pensais éternel, l'homme à la carrure solide qui avait toujours décidé de tout, intimement lié aux murs, au sol. Subitement la maison m'a paru orpheline. Toutes ces pièces vides ! Toutes ces présences feutrées qui semblent s'évanouir quand je m'approche. Ce silence porteur de peine, cette envie de crier pour le rompre. Ici près du carreau de la fenêtre, ma grand-mère Berthe puisait un peu de lumière pour raccommoder ses chaussettes. Là dans la cuisine, c'est mon grand-père Octave, qui chaque dimanche matin, procédait à son rasage à l'aide du coupe-chou. En maillot de corps, il se savonnait abondamment avant de faire glisser adroitement la lame du rasoir sur sa peau. Puis, tout en sifflotant il se lavait le visage dans la cuvette d'eau tiède posée sur la table.

Silhouette noire à la coiffe blanche assise devant la maison, c'est Léonie qui m'attend pour me raconter les histoires des loups de son enfance. Odeur de pommes de terre grillées, c'est mémé Juliette qui les fait dorer dans sa cocotte avec une saveur à nulle autre pareille.

Le verger est en deuil, mon père amoureux de ses pommiers ne viendra plus contempler ces fruits goûteux dont il se régalait chaque jour, avec dans le regard le bonheur d'un homme comblé. Petits gestes du quotidien, odeurs qui vous saisissent à la gorge, sensation subite de renouer avec un moment inoubliable, moments fugaces et douloureux.

Comment vivre au quotidien avec ces souvenirs ? Des moments chaleureux qui vous rassurent et vous peinent à la fois, des moments dont la maison a été témoin en un autre temps et qui vous rend complices.

Et puis, quand la maison s'anime des têtes blondes, on chasse les fantômes pour construire avec ces petits, porteurs d'espoir, de nouveaux souvenirs, pour les enraciner dans cette maison familiale qu'ils vont s'approprier peu à peu. Au fil de leurs pérégrinations, ils vont s'interroger sur une photo jaunie qu'on s'empressera de décrypter pour leur parler de l'ancêtre, un personnage de conte un peu irréel. Ils vont refaire les gestes qu'auront fait d'autres enfants au même endroit, grimper dans le vieux pommier au tronc noueux, aller ramasser les œufs et revenir les yeux brillants comme s'ils avaient trouvé un trésor, cueillir des mûres et se barbouiller les joues ou croquer une tartine de confiture préparée par la grand-mère que je suis devenue. C'est la vie qui recommence. La maison familiale ajoutera une page à son histoire.

Jeanine Berducat

Image d'hier !

brico lage

Réussir une laque sur le plâtre

Quelle que soit la marque du produit choisi, le secret d'une belle laque réside en la préparation des fonds et surtout dans l'application et le ponçage des couches d'enduit.

L'outillage nécessaire à ces travaux : 1 couteau à enduire, 1 bloc à poncer, du papier de verre 00 et 1, du papier abrasif 400, 1 éponde, 1 seau essoreur de rouleau, 1 pinceau brosse rond, 1 pinceau plat ou queue de morue, 1 rouleau mohair.

Tout d'abord, dans le sens de la longueur, passez une couche d'enduit maigre sur toutes les surfaces avec une lame à enduire, en commençant par le plafond. Travaillez par bandes de 50 x 1 m. Laissez sécher 24 h. Poncez avec du papier de verre 00.

Passez une deuxième couche d'enduit, cette fois-ci dans le sens de la largeur. Laissez sécher. Poncez et essuyez.

Une fois votre surface bien lisse et propre, passez en croisant une sous-couche glycérophtatique. Laissez sécher. Dans les angles et pour les bordures, peignez avec la queue de morue.

Lorsque la glycéro est bien sèche, passez une sous-couche de laque diluée à 10 % de white spirit. Laissez sécher. Poncez avec l'abrasif à l'eau. Essuyez avec une éponge mouillée puis avec un chiffon sec et non pelucheux.

Ensuite passez la couche finale de laque en croisant avec le rouleau mohair. N'hésitez pas à extraire l'excédent de laque sur votre rouleau en l'essorant sur la grille du seau de peinture.

Enfin pour peindre sans bavures les fenêtres et les moulures, utilisez soit une bande adhésive dite " à maroufler " (elle se décollera facilement en fin de travaux), soit un cache ou une lame métallique spéciale, qui protégera ce qui ne doit pas être peint.

côté jardin

Septembre

Travaux divers

Septembre est par excellence le mois des binages. Enlevez les arbres usés et creusez les fosses pour planter les remplaçants. Défoncez le terrain pour aérer et ameublir la terre. Piégez loirs et mulots. La récolte des noix et des châtaignes approche. Au moment de la cueillette jetez-les dans un bassin d'eau fraîche, les fruits sains iront au fond. Eliminez ceux qui flottent. Les chenilles processionnaires arrivent, n'attendez pas pour les supprimer.

Potager

Soutenez sur pied les dernières citrouilles en les plaçant sur deux briques au-dessus du sol. Travaux de culture : semez en pépinières carottes, navets, radis hâtifs, persil et cerfeuil. Profitez d'une belle journée pour nettoyer les sentiers, bêcher les terrains des cultures d'oignons, pois et haricots. Fumez-les. Plantez en bordures frasiers de toutes variétés.

Verger

Posez auvents sur treilles pour achever la maturité du raisin. Ensachez les belles grappes. Désensachez poires et pommes par temps couvert. Stratifiez les graines et noyaux d'abricotiers, cerisiers, pruniers. Cueillez les pêches tardives. La plantation des conifères doit débuter à présent afin de refaire leur racine avant l'hiver.

Fleurs

Consolidez les tuteurs de dahlias. Taillez et nettoyez les rosiers grimpants. Ebourgeonnez les chrysanthèmes. Arrosez-les à l'engrais chaque semaine. Marcottez les œillets. Divisez et replantez les touffes de plantes vivaces : iris asters précoces. Plantez des oignons à fleurs : anémones, renoncules, jacinthes, tulipes, crocus, etc.

Le jeu du mois de septembre

Solution page 128

1		U		i	E	
2	R	O		A		
3	M				E	L
4				T	O	R
5		É		i		E
6	A	R		A		
7		A			O	N
8		A			M	E

1		U		i	E	
2	R	O		A		
3	M				E	L
4				T	O	R
5		É		i		E
6	A	R		A		
7		A			O	N
8		A			M	E

Septembre

Toutes les pluies qui se perdent Sont de retour à la Saint-Michel.

2012

Vierge du **24** août au **23** septembre

Balance du **24** septembre au **22** octobre

Ce mois conserva toujours, chez les Romains, le nom de september, qui désignait la septième place qu'il occupait d'abord dans le calendrier de Romulus. Il le conserva malgré les multiples tentatives de l'appeler tiberius en l'honneur de Tibère, germanicus en l'honneur de Domitien, antoninus en l'honneur d'Antonin-le-Pieux, Herculeus en l'honneur de Commode, et tacitus en l'honneur de Tacite...

La devise de notre monde contemporain c'est "omnia illico" (tout, tout de suite).

[Gustave Thibon]

La lune et ses croyances

Il est reconnu que le paysan français est un " expert " es météo. Une attentive et sérieuse observation de la nature, du soleil, de la faune, de la flore, de la lune était seule nécessaire et suffisante.

Ces observations pouvaient être très fiables, et il avait bien raison, le paysan qui rentrait vite son fourrage lorsque dans l'étable, sa vache friande de salpêtre léchait les murs ; car la pluie était pour le lendemain.

La lune tenait un rôle très important dans les observations relatives au temps. Son mouvement, qui a une influence prépondérante sur les marées, influe fortement sur la météorologie comme sur la croissance des végétaux. Des dictons populaires sont attachés à sa forme, à sa lumière, à son mouvement :

" La lune pâle fait pluie, l'argentine, temps clair et la rouge vente.

" La lune qui commence en lion peut finir en mouton. "

Lorsque la lune est entourée d'un cercle blafard, la pluie est fortement prévisible. Si le cercle est rouge, le vent est assuré. Par contre, une lumière blanche et pure annonce le beau temps.

Notes

Samedi **1er** Septembre
ST GILLES

Matin

Après-midi

Dimanche **2** Septembre
STE INGRID

Matin

Après-midi

Musée de la photographie à Graçay

3ème Musée Photo de France, après celui de Bièvres et le Musée Historique Nicéphore Nièpce de Chalon-sur-Saône, le Musée de Graçay est à la fois un centre d'animation photographique par les expositions et les formations et stages qu'il organise, et une vitrine de plus de 2 000 appareils et documents exposés.

Un véritable trésor photographique

Le musée a été créé en 1999 à l'initiative de Rémy Duroir, à partir de sa collection. Grâce à l'étroite collaboration entre la Ville de Graçay, la Communauté des Communes des Vallées Vertes (Cher Ouest), le Groupe Lumière, Association de Photographes Indépendants et Rémy Duroir, Président de l'Association de Gestion et Conservateur, le Musée compte aujourd'hui 3000 appareils ou documents photographiques, dont environ 2 000 sont exposés en permanence.

Le premier rôle du musée est de développer la culture photographique et de promouvoir le talent des artistes ou des reporters photographes. Chaque année cinq à six photographes, amateurs, professionnels ou association de photographes, exposent leurs oeuvres, qui ont toutes un point commun : la qualité de réalisation.

Une des principales activités est la conservation et la vulgarisation des techniques photographiques, étudiées sur les plans historique, géographique, sociologique,technologique et esthétique, à travers les appareils, les accessoires et les images photos du monde entier.

La vocation pédagogique du Musée est sans doute la plus ambitieuse, puisqu'elle vise à mettre en place avec plusieurs partenaires, dont l'Education Nationale, tout un système de formation à la lecture de l'image et aux techniques photographiques, destiné aussi bien aux enfants et adolescents

qu'aux adultes. C'est le projet CAPRI (Centre d'Animation Photographique et de Rencontre de l'Image) dont le principe peut être résumé «Les clés pour comprendre l'image photographique et les outils pour la construire ».

Exclusivité au musée : hommage à Lucien Prévost 1875 - 1911

Grâce à de nombreux documents et objets confiés au Musée de la Photo de Graçay par Philippe et Sarah Guignard d'une part et par André Guignard de l'autre, le Musée désire faire partager la vie aventureuse de Lucien Prévost, austrégésillien et graçayais célèbre, 94 ans après sa disparition. Commencées en mai 2002, les recherches tous azimuts sur Prévost ont trouvé leur concrétisation, un an plus tard, par une exposition d'objets et documents au rez-de-chaussée du Musée. Rémy Duroir travaille aussi à la réalisation d'un cédérom à vocation pédagogique, toujours en recherche de partenaires, pour la mise valeur de l'histoire d'un tel grand homme.

Né à Saint-Outrille, près de Graçay, dans le Cher, le 6 mars 1875, Lucien Prévost est tour à tour, grand voyageur, aventurier, soldat, puis inventeur et constructeur de machines cinématographiques. Dans le milieu technico-intellectuel du Paris de « Belle Epoque », Il est l' ami de Gustave Eiffel et Ferdinand de Lesseps. Il meurt à Paris en 1911 à l'âge de 36 ans et repose désormais dans le petit cimetière de Saint-Outrille.

G.B

Trucs et astuces de Mémé

Un engrais en plumes :

Pour toutes ses plantes Mémé avait un engrais exceptionnel. Elle déposait des plumes de volaille dans un récipient plat et elle les recouvrait d'eau. Elle plaçait par-dessus un grillage plastique avec quelques pierres desssus pour empêcher les plumes de flotter. Elle laissait macérer tout cela à l'ombre pendant 2 mois. Ensuite elle versait un peu de son engrais à toutes ses plantes.

le saviez-vous ?

Question de sensibilité

Quand jadis on arrêtait des sorciers et qu'on les mettait à la torture pour les faire avouer leurs abominables crimes, le diable se retrouvait là pour les empêcher de parler. Heureusement, le magistrat était sacré pour lui et pouvait en sécurité faire son métier de tourmenteur. Il était recommandé aux juges de faire raser soigneusement les prévenus, de crainte que le démon ne se cachât dans leurs cheveux. Avec de longues aiguilles, on les piquait par tout le corps, jusqu'à ce que l'on trouvât le point insensible, touché par la griffe de Satan...

Septembre 2012

Lundi 3 Septembre ST GRÉGOIRE

Matin

Après-midi

Mardi 4 Septembre STE ROSALIE

Matin

Après-midi

Mercerdi 5 Septembre STE RAÏSSA

Matin

Après-midi

Jeudi 6 Septembre ST BERTRAND

Matin

Après-midi

Vendredi 7 Septembre STE REINE

Matin

Après-midi

Samedi 8 Septembre NATIVITÉ

Matin

Après-midi

Dimanche 9 Septembre ST ALAIN

Matin

Après-midi

Septembre

Lundi **10** Septembre
STE INÈS

Matin

Après-midi

Mardi **11** Septembre
ST ADELPHE

Matin

Après-midi

Mercrerdi **12** Septembre
ST APOLLINAIRE

Matin

Après-midi

Jeudi **13** Septembre
ST AIMÉ

Matin

Après-midi

Vendredi **14** Septembre
LA CROIX

Matin

Après-midi

Samedi **15** Septembre
ST ROLAND

Matin

Après-midi

Dimanche **16** Septembre
STE ÉDITH

Matin

Après-midi

Le Paradis, made in Berry

Au XVIIIème siècle, sur la Vauvre, minuscule affluent de l'Indre qui court sur 24 km, il y avait exactement 22 moulins. Le Noir du Berry convoyait tranquillement les sacs de blé jusqu'au meunier qui transformait cette matière première en farine. La vie s'écoulait au rythme des saisons et de la roue à aube qui ne manquait pas de flanquer chacune de ces minoteries artisanales. Au fil des années, les temps modernes ont modifié mentalités et métiers. Petit à petit, grain après grain, le moulin s'est figé. Détruits ou réaménagés, ils ont cédé la place à des maisons d'habitation voire des constructions plus modernes. De ces 22 constructions, il ne subsiste aujourd'hui qu'un seul exemplaire en parfait état de moudre, le moulin d'Angibault de Montipouret. Celui-ci est intéressant à plus d'un titre.

Ses fondations datent de la fin du XVème siècle. Son mécanisme a été entièrement restauré et conservé. Les meules sont toujours en place et écrasent encore, à l'occasion de fêtes traditionnelles, le blé. La roue à aube plonge avec délectation dans le bief et donnent aux artistes un excellent sujet de contemplation. Le parc de 7 hectares. L'île. L'allée des chênes. Autant d'endroits champêtres et sublimes où chacun aime se ressourcer.

Ce qui fait l'attrait de ce site, c'est également un livre dont il est le sujet, le décor, voire l'un des personnages principaux. Sous la plume de la propriétaire de Nohant, le moulin devient le théâtre des amours contrariés de Grand-Louis et Rose, la fille d'un paysan irascible et avare. Le Meunier d'Angibault fait partie des romans de George Sand qui sont, au même titre que la Mare au diable ou la Petite Fadette, « le résultat d'une promenade, d'une rencontre, d'un jour de loisir, d'une heure de far niente ».

Loin du tumulte de la ville qu'il est bon respirer le bon air d'Angibault…

M.B

Le moulin d'Angibault se visite de Pâques à la Toussaint et organise fêtes et veillées.
Pour plus d'infos, consultez son site web www.moulin-angibault.fr ou contactez le 02 54 31 11 46.

Trucs et astuces de Mémé

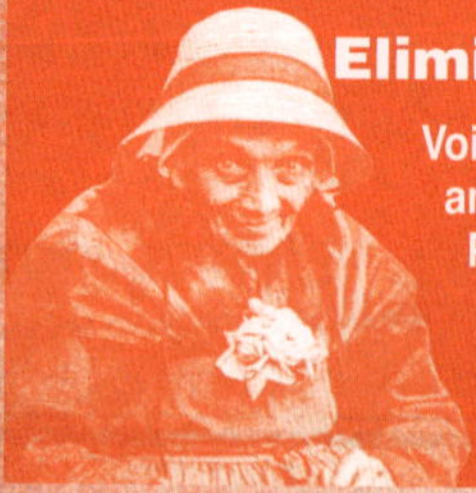

Eliminer un orgelet :

Voici une recette que Mémé aimait à divulguer aux amis ou à la famille.

Pour venir à bout d'un orgelet, elle se munissait d'une bague (de préférence son alliance qui était en or pur), elle la passait sur l'orgelet plusieurs fois par jour et miracle plus d'orgelet.

le coin Cuisine

Gigot au thé et fruits secs

Pour 6 personnes

1 gigot de 1,7 kg
200 g d'abricots secs
70 g d'amandes mondées
3 oignons, ½ citron
1 cuillerée à soupe de persil
1 cuillerée à soupe de d'huile d'olive
30 g de beurre
1 cuillère à soupe de sucre
½ cube de bouillon de volaille
2 sachets de thé Earl Grey
2 cuillerées à café de ras el-hanout
Sel et poivre

Couper les abricots en morceaux, les réhydrater 30 minutes dans l'eau tiède.

Préchauffer le four à 190°C.

Délayer le demi-cube de bouillon dans 50 cl d'eau chaude, faire bouillir puis, hors du feu, y faire infuser le thé pendant 5 minutes.

Hacher les oignons, les cuire 5 minutes sur feux doux dans l'huile d'olive.

Mélanger le beurre et la moitié du ras el-hanout, en enduire le gigot.

Le mettre dans un plat à four avec les abricots égouttés, les amandes et le hachis d'oignon.

Saler, poivrer, mouiller avec la moitié du bouillon.

Enfourner 50 minutes en versant le reste de bouillon à mi-cuisson.

Laisser reposer 10 minutes.

Presser le jus du demi-citron, le mélanger au sucre et au reste de ras el-hanout, en tartiner le gigot.

Monter le four à 230°C et faire dorer 10 minutes en surveillant pour ne pas trop caraméliser. Parsemer le gigot de persil ciselé.

Servir avec le jus et le reste de fruits secs.

Accompagner de graine de couscous.

le saviez-vous ?

Recette de sorcier

Pour envoulter son ennemi, le sorcier fabriquait une figure de cire vierge, ayant le visage (vultus) de la personne abhorrée ; il lui donnait le nom de celle-ci, en parodiant les rites du baptême ; il lui mettait sous l'aisselle droite, le cœur, et sous l'aisselle gauche, le foie d'une hirondelle. Ensuite, il la piquait avec des aiguilles neuves, ou la brûlait à petit feu, en prononçant des formules cabalistiques. Et la personne mourait. C'est ainsi que Robert d'Artois fit envoûter, en 1328, sa tante Mahault.

Septembre 2012

Lundi 17 Septembre — St Renaud

Matin

Après-midi

Mardi 18 Septembre — Ste Nadège

Matin

Après-midi

Mercrerdi 19 Septembre — Ste Émilie

Matin

Après-midi

Jeudi 20 Septembre — St Davy

Matin

Après-midi

Vendredi 21 Septembre — St Matthieu

Matin

Après-midi

Samedi 22 Septembre — St Maurice

Matin

Après-midi

Dimanche 23 Septembre — Automne

Matin

Après-midi

Poissons berrichons

La pêche est une activité qui se pratique beaucoup dans notre région. L'Indre avec ses étangs de Brenne et ses 4000 km de cours d'eau est riche en espèces de poissons. Un inventaire établi par la fédération de pêche de l'Indre a recensé une quarantaine d'espèces présentes dans le département. Ce recensement piscicole a pu se faire grâce à la pêche électrique. Un moyen sans danger pour les poisons qui une fois tétanisés sont pesés, mesurés, identifiés avant d'être remis à l'eau. Les petits ruisseaux abritent des truites. Leur présence sont signe de développement de d'autres poissons comme le vairon, le goujon, ou le chabot, des espèces accompagnatrices. De même dans les grosses rivières la présence de brochets implique celle de carpes, brêmes, gardons et anguilles.

Les espèces les plus répandues dans la majorité des rivières berrichonnes sont les perches, chevesnes et gardon, mais dans certains cours d'eau on trouve également le barbeau, la vandoise ou le spirlin. Afin de protéger certaines espèces une règlementation est établie. Ainsi les pêcheurs doivent tenir compte de la taille pour l'anguille ou la truite, les poissons trop petits devant être remis à l'eau.

Depuis peu le saumon fait son retour en Berry. Cinq jeunes tacons (des bébés saumons) ont été découverts dans la Creuse à hauteur de Ceaulmont lors d'un inventaire. C'est une grande surprise car l'espèce avait disparu depuis 80 ans de cette rivière, sans doute à cause de la construction des barrages qui empêchaient les géniteurs de remonter vers leurs frayères pour se reproduire. On raconte qu'au début de la construction des barrages, les saumons bloqués au pied étaient si nombreux qu'ils pouvaient être pêchés à la fourche.

Les étangs de Brenne sont pêchés régulièrement entre novembre et avril selon les coutumes ancestrales. Carpes, gardons et brochets sont vendus à des pisciculteurs et commercialisés jusqu'en Allemagne.

L'étang se vide en plusieurs jours ou semaines en fonction de sa surface, c'est une surveillance permanente. S'il pleut trop ou si il se vide trop lentement le niveau de l'eau ne sera pas assez bas pour pêcher, s'il se vide trop vite, les poissons risquent de mourir ou de s'abimer.

Le jour de la pêche, la famille, les amis les voisins se sont rassemblés pour donner un coup de mai.

Armés de "filanches" qu'ils glissent dans l'eau, les pêcheurs capturent brochets, perches, tanches et carpes. Cette dernière est de loin le poisson le plus répandu.

Une fois attrapés, les poissons sont montés sur la chaussée de l'étang, triés, pesés, répartis par espèces dans les bacs oxygénés des camions des pisciculteurs.

La pêche terminée, chacun repart avec une carpe, un brochet,ou de la friture.

Jeanine Berducat

Image d'hier !

le coin Cuisine

Tarte bourdaloue

Pour 4 personnes

Pâte brisée :
250 g de farine
100 g de beurre
1 jaune d'œuf
1 pincée de sel
50 g de sucre
1 sachet de levure alsacienne

Garniture :
60 g de semoule
30 g de sucre
1/2 litre de lait
75 g d'amandes hachées
2 œufs (2 jaunes + 2 blancs),
Compote de pommes
Kirsch

Préparer la pâte brisée.

Délayer le tout avec un peu de lait, étendre la pâte au rouleau sur une faible épaisseur.

En garnir un moule à tarte et faire cuire.

Pour la garniture, préparer une semoule au lait de la façon suivante : mélanger la semoule, le sucre, le lait, y ajouter les amandes hachées.

Ajouter 2 jaunes d'œufs.

Garnir de cette pâte la tarte cuite, ajouter dessus, de la compote de pommes, avec un peu de kirsch.

Recouvrir avec les 2 blancs battus en neige et saupoudrer de sucre.

Remettre au four et retirer quand la tarte est bien dorée.

le saviez-vous ?

Un navigateur berrichon

Ils voguaient sur le Cher et permettaient ainsi des liens économiques entre les différents départements. Ils étaient appelés les bateliers.

Plusieurs décennies plus tard, il serait possible de dire qu'ils ont un fils spirituel en la personne d'Eric Galmard.

Ce berrichon qui a un pied à terre à Nançay est navigateur.

Il est passé du Cher aux Océans en devenant le skipper du bateau Avis Immobilier. Il a notamment couru la fameuse Route du Rhum.

Lundi 24 Septembre — St Thècle

Matin

Après-midi

Mardi 25 Septembre — St Hermann

Matin

Après-midi

Mercrerdi 26 Septembre — Sts Côme, Damien

Matin

Après-midi

Jeudi 27 Septembre — St Vincent de Paul

Matin

Après-midi

Vendredi 28 Septembre — St Venceslas

Matin

Après-midi

Samedi 29 Septembre — St Michel

Matin

Après-midi

Dimanche 30 Septembre — St Jérôme

Matin

Après-midi

Costumes et coiffes en Berry

Par Serge Pacaud,
« Costumes et Coiffes folkloriques des terroirs de France »
Éditions CPE, à paraître

Les habits de la berrichonne possédaient jadis des caractéristiques remarquables. Un caraco ajusté formant un corsage droit à manches longues, porté sans ceinture, décolleté au ras du cou ; un fichu constitué d'une pointe d'étoffe souple drapée sur les épaules de forme triangulaire, croisé sur la poitrine, les bouts extrêmes rentrant dans la jupe ; une chemise en toile sur laquelle s'ajustait à la taille un casaquin et couvrant les hanches ; une jupe de droguet ample et longue sur deux jupons, l'un à rayures verticales et l'autre blanc et uni ; un tablier, appelé parfois « devantier » ; un foulard de soie ; des sabots à brides, certains décorés pour le dimanche, puis des souliers à partir du Second Empire ; une cape surnommée « capiche » ou « capote » afin de se prémunir des frimas et des intempéries ; et évidemment une coiffe aux spécificités locales strictes.

La coiffure portée tous les jours possédait un indéniable pouvoir de protection, confectionnée de chanvre, de coton ou de laine, mais surtout de toile. En dessous, la sous-coiffe, la « caillenne » enserrait la tête et maîtrisait les cheveux. Celle des jours de fêtes garnie de mousseline se démarquait par davantage d'ouvrages malgré sa taille relativement réduite, encadrant juste le visage, sans trop d'ostentation. On n'observait point de tailles trop gigantesques comme il se faisait communément dans d'autres provinces. Fabriquée dans des toiles fines de coton et de tulle, le plissage soigné définissait l'importance de la pièce.

Les coiffes se différenciaient par une multitude de modèles distincts suivant les lieux et les contrées. De la coiffe carrée de La Châtre en dentelles, au petit bonnet plat de Valençay se démarquant par des brides croisées en arrière, en passant par la coiffure dite « à la grimaces » composée comme les « cayons » des femmes du Poitou, c'est-à-dire d'une forme en grosse étoffe piquée sur laquelle les couturières positionnaient un satin transparent sous une gaze fine à fond brodé, les Belles marquaient ainsi fortement leur empreinte identitaire.

Dans certains villages, on appelait « colinette » la pièce de tissu ouvragée et brodée mise dessus une calotte ordinairement noire. À Saint-Gaultier, il s'agissait d'une coiffe plate, ailleurs on arborait des bonnets munis de longues barbes que l'on pouvait ajuster sur le haut de la tête, en d'autres endroits un curieux couvre-chef se nommait « cul de volaille » ou « d'oison » en raison de sa pointe étonnante. Tous ces modèles rendaient compte de la richesse familiale, aussi chez les gens aisés, on employait de la dentelle de Valenciennes pour les ornementer.

La jupe longue, jamais plus courte que le mi-mollet et allant généralement jusqu'aux chevilles, se composait de deux pièces de droguet uni ou parfois rayé, assemblées à la taille par une sorte de ceinture à coulisse afin de former des plis plats devant et des fronces derrière. Le tablier de toile ou de coutil - tissus croisé de coton ou de chanvre- servait au travail, au lavoir, aux champs, au marché, ajusté plus court que la jupe et retenu par des rubans.

La cape se portait lors des mauvaises saisons, constituée d'un ample manteau sans manche qui ne couvrait que les épaules, et d'une capuche, le tout en étoffe de laine blanche. Lors des deuils, les femmes revêtaient une autre cape, plus longue jusqu'aux talons en drap noir ou brun très foncé. Un large ruban noir à son pourtour permettait de froncer le capuchon derrière la tête, ce costume entier retenu par une broche ou un fermoir en acier.

Le bijou le plus commun semblait être la « croix de Jeannette », très proche de la « croix de Saint-André », en or et en argent, affichée par la gent féminine lors des jours de fête. Un pendentif suspendu par un cordon ou une chaîne, quelquefois par un ruban. Ce bijou d'apparat et de reconnaissance sociale à la fois, cette croix au symbole religieux évident, était acquis avec les gages octroyés aux servantes engagées traditionnellement lors de la Saint-Jean, le 21 juin.

L'habit masculin fut rendu populaire par les « vielleux » dont le plus célèbre fut le fameux barde et poète berrichon Jean Rameau. Il se composait ordinairement d'une chemise épaisse descendant jusqu'aux genoux, d'un gilet, d'une veste, d'une culotte puis d'un pantalon à pont large et long, de guêtres boutonnées en toile rayée (portées communément jusque vers les années 1840), de souliers ferrés ou de sabots de bois. On se servait comme protection contre l'hiver et ses frimas, de la « Limousine », une vaste cape en laine grossière avec capuchon, issue de la tradition vestimentaire des bergers. L'homme se chapeautait d'un galurin à chevrons -« clabaud » ou à « barbotiaux »- avec des ajouts de velours noir, ou du « chalumeau » composé d'un feutre épais, creusé au fond et sensiblement relevé aux bords larges de quinze à vingt centimètres. Les jours de fête, il se munissait d'un foulard dont l'ornementation n'avait guère à envier à celle des châles de sa compagne.

Le vêtement caractéristique restait la blouse longue descendant jusqu'aux genoux, souvent ornée de broderies sur les épaules, appelée « biaude ». Certains modèles pouvaient battre les mollets, tout dépendait de l'emploi réservé. Le nom provint de la « bliaut », tunique ajustée et portée au Moyen Âge. De couleur blanche ou bleue, elle servait au travail, puis devint l'apanage de la représentation masculine par excellence, en tous lieux, même lors des mariages. Le tissu utilisé figurait le droguet, mélange de chanvre et de laine vulgaire, substitué plus tard par de la toile, du drap ou même du coton.

Coll. B. B. 19. LE BERRY Partie de Colin Maillard

brico lage *Fabriquer une niche pour chien*

En construisant une niche pour votre chien, vous lui offrirez un abri agréable et sur mesure à moindre frais.

Déterminer les dimensions de la niche.
- Pour déterminer la taille de la niche, prévoyez au minimum une fois et demi la taille du chien au garrot dans les trois dimensions.
- Attention à ne pas réaliser une niche trop grande afin que votre compagnon ne souffre pas du froid.

Réaliser l'ossature de la niche.
- Assemblez les tasseaux qui formeront l'ossature de la niche en les clouant tout en suivant les indications du schéma.
- Une fois la structure montée, enfoncez bien les têtes de clou dans le bois afin que votre chien ne se blesse pas avec.

Découper la porte.
- Dessinez une porte ronde ou carrée sur le panneau de devant, en la centrant bien.
- Découpez ensuite l'ouverture avec une scie sauteuse.
- Si besoin, limez les rebords de la porte avec une râpe à bois.

Assembler les panneaux.
- Clouez les panneaux directement sur l'ossature.
- Enfoncez les têtes de clou dans le bois.

Fabriquer la toiture
- Pour protéger les panneaux de la toiture, il est préférable d'y installer des bardeaux bitumés.

Les finitions.
- Enfin reste à peindre, vernir ou lasurer la niche selon votre goût.

Octobre jardin — côté jardin

Travaux divers

Réservez-vous le terrain nécessaire pour les premiers semis de printemps et utilisez tout le reste par des semis et plantations pour l'hiver. Installez une salle pour la conservation en flacons des grappes de raisins frais à température invariable. Tondez les gazons pour la dernière fois. Refaites les bordures des massifs. Si vous les refaites en plantant des buis, n'oubliez pas qu'ils affectionnent les sols calcaires mais pas trop secs.

Potager

Préparez dans l'endroit le plus ensoleillé et le mieux abrité du potager des planches en ados ou côtières pour la plantation des laitues et romaines d'hiver. Coupez les tiges des asperges et couvrez le sol d'une bonne couche de fumier riche. Effeuillez sur pied les derniers haricots à maturité pénible. Plantez à bonne exposition : ail, échalote, pois michaux et fraisiers.

Verger

Continuez les travaux préparatoires en vue des futures plantations. Dans les terrains humides faites des monticules pour planter les arbres en surélévation. Commencez la taille des arbres à fruits à pépins dont la végétation est arrêtée. Dans les vergers commencez émondages et élaguages. Récoltez avant la fin du mois tous les fruits à cidre et à poiré.

Fleurs

Achevez dans la première quinzaine la reconstitution des planches ou massifs composés de plantes vivaces. Plantez en corbeilles, plates-bandes pour fleurir au printemps : giroflée, myosotis, pâquerettes, pensées et tous les oignons à fleurs. On enlèvera des jardins, pour éviter le gel : bégonias, dhalias, glaïeuls et cannas.

Le jeu du mois d'octobre

Solution page 128

Tous ces noms sont dans le dessin. Pour retrouver chacun de ces mots, remettez les lettres dans le bon ordre.

Qui laboure dans le mouillé Perd sa récolte à moitié.

Octobre 2012

Balance du **24** septembre au **22** octobre

Scorpion du **23** octobre au **22** novembre

Ce mois est ainsi appelé parce qu'il était le huitième mois de l'année dans le calendrier de Romulus. Bien qu'il soit devenu le dixième dans celui de Numa, et dans le nôtre, il a conservé ce nom, que les empereurs et le Sénat romain ont souvent voulu changer.
Dans les premiers jours de ce mois, les Egyptiens célébraient une fête qu'ils appelaient la fête du bâton du soleil, supposant, dit-on, que cet astre avait besoin de soutien après l'équinoxe d'automne.

La devise des hommes d'affaires plus ou moins scrupuleux est : savoir toujours assez bien nager pour n'avoir jamais à trop se mouiller.

[Pierre Dac]

Mouche-toi pour dire bonjour à la dame !

Octobre, l'automne et le froid humide pointe son nez, le rhum arrive, la grippe nous guette. Jadis, les hommes et les femmes accueillaient l'éternuement d'une grande personne par cette phrase : “ Dieu vous assiste ! ” ou bien encore “ Dieu vous aide ! ”. Lorsqu'il s'agissait d'un enfant, on disait : “ Dieu te cresse ! ” qui signifie : “ Dieu te fasse croître ! ”. Il y avait de la réflexion dans ces souhaits post-éternuements.

L'usage de saluer lorsqu'une personne éternue est fort ancien, on le pratiquait dans la Grèce antique. On salue, disait Aristote, lorsqu'il vous arrive d'éternuer, parce que l'éternuement part du cerveau, siège de l'intelligence et de l'esprit. Chez les Perses, lorsqu'on éternuait, la loi voulait qu'on ait recours à la prière, car en ce moment critique, le mauvais esprit pouvait déployer tous ses efforts pour séduire l'enrhumé.

Souvent l'éternuement est suivi d'une envie irrépréssible de se moucher. Presque tous les paysans se mouchaient sans mouchoir. En effet ils se mouchaient dans leurs doigts avec une grande dextérité. Les bourgeois faisaient de même mais prenaient soin de s'essuyer les doigts dans un mouchoir.

Octobre

Lundi **1er** *Octobre*
STE THÉRÈSE DE L'E.

Matin

Après-midi

Mardi **2** *Octobre*
ST LÉGER

Matin

Après-midi

Mercredi **3** *Octobre*
ST GÉRARD

Matin

Après-midi

Jeudi **4** *Octobre*
ST FR. D'ASSISE

Matin

Après-midi

Vendredi **5** *Octobre*
STE FLEUR

Matin

Après-midi

Samedi **6** *Octobre*
ST BRUNO

Matin

Après-midi

Dimanche **7** *Octobre*
ST SERGE

Matin

Après-midi

La poule noire du Berry redresse la tête

La race de la "poule noire du Berry" est née en 1912, créée par un passionné d'élevage avicole, le Baron Henri de Laage à Vendœuvres, petite bourgade de l'Indre.

L'histoire aurait pu s'arrêter là sans un autre passionné, professeur de biologie, Gaston Touraine habitant Montmorillon dans la Vienne, qui en 1975 se met en tête de relancer cette race mort-née à partir de croisements de diverses races pures achetées dans des basse-cours de l'Indre.

Ses efforts sont couronnés de succès, et d'autres éleveurs amateurs lui emboitent le pas, le nombre de poules et de coqs de la race Noire du Berry se multiplient dans des basse-cours d'éleveurs amateurs de l'Indre et du Cher.

Francis Lasne, Président du club français de la poule noire du Berry, nous parle de cette race et des actions menées par le club.

"La volaille de la race "noire du Berry" est un animal rustique, issu d'une race ancienne. Ces volailles sont polyvalentes, aussi recherchées pour leur chair que pour leurs qualités de pondeuses. Elles doivent être élevées en liberté sur sol herbeux, nourries à 80% de céréales, en groupe de 300 poulets maximum.

Nous nous attachons à maintenir la pureté de la race, en liaison avec le Centre de sélection avicole de Béchanne dans l'Ain, proche de Bourg en Bresse, région réputée pour ses volailles. Ce centre réalise la sélection et nous fournit des poussins vaccinés et authentifiés.

Le coût de cette sélection est assez lourd, mais c'est à ce prix que nous pouvons garantir la pureté et la qualité constante de la race. Les Conseils généraux et régionaux nous aident dans cette démarche.

Actuellement notre club compte une centaine d'adhérents, avec cinq éleveurs professionnels.

Ces professionnels ont vendu 3000 poulets en 2010, et nous visons le double l'an prochain.

Il faut que la filière de distribution se mette en place, et nous avons déjà la satisfaction de pouvoir trouver le poulet "noir du Berry" sur quelques tables gastronomiques de la région : la Cognette de Jean-Jacques Daumy à Issoudun en particulier, restaurant cher à Balzac, épicurien célèbre."

GB

Club Français de la Poule Noire du Berry
Mairie de Saint-Amand Montrond 18200

Trucs et astuces de Mémé

Pour éloigner les mites :

Mémé recueillait simplement quelques poignées de mélilot, une petite plante à fleurs jaunes qui croît un peu partout. Elle la récoltait au début de l'été lorsque les fleurs étaient grandes ouvertes. Elle en faisait de petits bouquets qu'elle suspendait près des ouvertures, son odeur suffisant à éloigner les papillons. Une fois secs elle plaçait les bouquets dans ses armoires.

le coin Cuisine

Nage de lapin au beurre de carotte

Pour 4 personnes

2 râbles de lapin
1 kg de carottes
1 botte d'oignons blancs
200 g de beurre
1 orange
1 cuillérée à café de graines de moutarde jaunes et noires
1 échalote
1 bouquet garni
Quelques brins de persil plat
Sel et poivre

Désosser les râbles, couper les filets obtenus en fines lamelles.

Faire cuire les os et les parures des râbles 40 min dans 1,5 l d'eau avec l'échalote, le bouquet garni, le sel et le poivre.

Peler les oignons, faire cuire 10 min à l'eau bouillante salée.

Prélever le zeste d'orange, couper en petits morceaux et ébouillanter 2 min. Faire tremper les graines de moutarde dans de l'eau tiède, mettre les lamelles de lapin à pocher dans le bouillon chaud.

Eplucher les carottes et passer à la centrifugeuse(ou alors acheter du jus de carottes en bouteille), obtenir 75 cl de jus et faire réduire pour n'obtenir que 25 cl, ajouter le beurre ramolli coupé.

Faire réduire le bouillon et ajouter le beurre de carotte.

Mixer et assaisonner le mélange, ajouter le zeste d'orange et un peu de graines de moutarde.

Verser dans des assiettes creuses, mettre le lapin et des oignons, décorer avec le persil.

le saviez-vous ?

Un champion de ski berrichon

Mathieu Sage, berrichon expatrié en Haute-Savoie pour l'amour du ski, revient tout de même souvent voir sa famille qui habite à Saint-Doulchard. Le garçon a été médaillé entre 2006 et 2010 deux fois champion du monde Ski de vitesse. En 2006, il frôle même les 210 km/h, à ce jour il est toujours détenteur de se record.

Lundi 8 Octobre — Ste Pélagie

Matin

Après-midi

Mardi 9 Octobre — St Denis

Matin

Après-midi

Mercrerdi 10 Octobre — St Ghislain

Matin

Après-midi

Jeudi 11 Octobre — St Firmin

Matin

Après-midi

Vendredi 12 Octobre — St Wilfried

Matin

Après-midi

Samedi 13 Octobre — St Géraud

Matin

Après-midi

Dimanche 14 Octobre — St Juste

Matin

Après-midi

Lundi **15** *Octobre*
Ste Thérèse d'Avila

Matin

Après-midi

Mardi **16** *Octobre*
Ste Edwige

Matin

Après-midi

Mercredi **17** *Octobre*
St Baudouin

Matin

Après-midi

Jeudi **18** *Octobre*
St Luc

Matin

Après-midi

Vendredi **19** *Octobre*
St René

Matin

Après-midi

Samedi **20** *Octobre*
Ste Adeline

Matin

Après-midi

Dimanche **21** *Octobre*
Ste Céline

Matin

Après-midi

Le retour du saumon en Berry

Au début du XXe siècle, il était encore tellement abondant en Berry que les ouvriers agricoles exigeaient dans leur contrat ne pas en manger plus de 3 fois par semaine. Les pêcheurs les plus anciens nous racontent que jusque dans les années 60, des saumons auraient tenté de passer le barrage à Chabris. Et puis plus rien. On a plus revu de Saumon en Berry depuis bien longtemps.

Aussi lorsqu'au mois de septembre, les techniciens du Conseil Supérieur de la Pêche et de la Fédération de l'Indre organisent une pêche électrique en aval du barrage de La Roche-bat-l'Aigue à Cuzion, ils n'en sont pas revenus... Dans leurs épuisettes, au milieu des chevesnes, perches, ablettes ou vairons... des tacons, des jeunes saumons de moins d'une dizaine de centimètres. Au XIXe siècle, l'axe Vienne-Creuse-Gartempe était bien l'un des plus réputé d'Europe pour la pêche du Saumon ; des pêcheurs écossais venaient jusqu'à Fresselines sur le confluent des deux Creuses pour se frotter aux monstres de la Creuse. La rumeur veut que sur cette commune, le dernier Saumon ait été pris au filet par le châtelain à Puy Guillon en 1912.

La construction des barrages avait totalement barré leur accès. Le barrage EDF de Maison Rouge sur la Vienne, construit en 1923 avait définitivement éradiqué le saumon de la Creuse.

Aujourd'hui des politiques de réintroduction du saumon et la destruction d'ouvrages ont permis de réintroduire le poisson roi sur la Gartempe, un affluant de la Creuse. La construction d'échelles à poissons tente de réparer les dégâts d'une industrialisation qui n'avait pas anticipé son impact sur l'environnement. Les saumons sont de retour sur la Gartempe et quelques-uns ont même envisagé de coloniser les rivières voisines en visitant le Berry ; ces tacons sont en fait les descendants de saumons qui sont remontés jusqu'à Cuzion, ils ont choisi de frayer ici car ils n'ont pas pu remonter plus haut. En effet, construit au début du XXe siècle, le barrage de La Roche-bat-l'Aigue laissait initialement remonter les Saumons, mais il fut reconstruit en 1976 sans la passe à poissons préexistante sur l'ancien barrage. Il est donc peu probable de les voir remonter plus haut... à moins qu'il ne soit envisagé de doter le barrage d'une échelle à poisson. Il faudra alors aussi envisager d'en doter la longue succession de barrages qui ont été construits sur la rivière en amont de Cuzion (les collectivités peuvent préparer leurs subventions). Et se ne sera pas tout, si maître saumon veut retrouver ses frayères de la Petite Creuse à Fresselines où remonter sur la Grande Creuse jusqu'au plateau des Millevaches, il lui faudra encore passer les nombreuses écluses de la rivière, lesquelles sont désormais fermées en permanence, ce qui n'était pas le cas il y a 150 ans.

Bref, la nouvelle est excellente, mais il reste énormément de travail à accomplir et d'argent à engager si on veut revoir des saumons au-delà de Cuzion.

Indications pour ne pas confondre un tacon avec une truite : sa queue est très échancrée, sa nageoire adipeuse est gris bleu, ses flancs portant de 8 à 12 taches bleu violet très nettes comme des «marque de doigts» , sa bouche est petite et ne dépassant pas le milieu de l'œil, ses nageoires pectorales sont plus larges que celles de truite. Remettez le à l'eau !

C.M

Le coin Cuisine

Clafoutis aux cerises

Pour 8 - 10 personnes

2 verres de farine
3 cuillerées de sucre en poudre
3 œufs
1 verre ou 1 verre 1/2 de lait
1 pincée de sel fin
1 cuillerée de rhum
750 grammes de cerises noires
1 sachet de levure
Kirsch
Sucre glace

Tamiser la farine dans une terrine, faire un trou au milieu, y casser les œufs. Mettre le sucre, le sel et le rhum, travailler vivement, avec une cuillère de bois, jusqu'à ce que la pâte soit bien lisse.

Eclaircir alors avec du lait tiède jusqu'à la consistance de la pâte à crêpes, puis ajouter la levure. Verser dans la pâte les cerises noires, bien mûres, avec leurs noyaux.

Parfumer avec du kirsch. Vider dans un moule à manqué allant au four. Faire cuire 35 minutes à four chaud.

Retirer le clafoutis du four, laisser refroidir et, au moment de servir, saupoudrer de sucre glace.

Trucs et astuces de Mémé

La suie en pommade :

Contre les dartres, acnés, ulcères, Mémé fabriquait une pommade miracle avec la suie recueillie dans la cheminée. Elle passait la poudre de suie afin qu'il ne reste plus aucun grain dur, et mélangeait cette poudre avec la valeur d'une noisette de beurre frais. La partie malade devait rester enduite de ce mélange.

Le saviez-vous ?

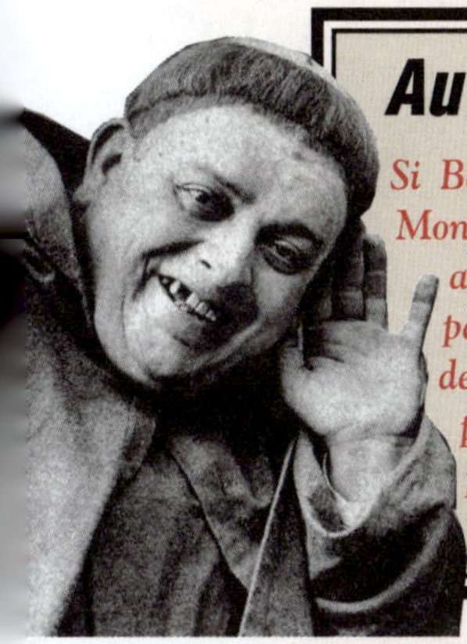

Au bon pèlerin

Si Bertrand Couetdic, domicilié à Saint-Amand-Montrond, avait tenu une auberge, il aurait pu appeler son établissement, Au bon pèlerin. Ce particulier, un militaire à la retraite, a ouvert des chambres d'hôtes qui sont destinées aux pèlerins qui tous les ans accomplissent le pèlerinage de Compostelle.

Lundi 22 Octobre
STE ÉLODIE

Matin

Après-midi

Mardi 23 Octobre
ST JEAN DE C.

Matin

Après-midi

Mercrerdi 24 Octobre
ST FLORENTIN

Matin

Après-midi

Jeudi 25 Octobre
ST CRÉPIN

Matin

Après-midi

Vendredi 26 Octobre
ST DIMITRI

Matin

Après-midi

Samedi 27 Octobre
STE EMELINE

Matin

Après-midi

Dimanche 28 Octobre
ST JUDE

Matin

Après-midi

Un nom de femme sur le monument aux morts

Suite page 103

La Forêt du Temple est sans doute la seule commune de France où un nom de femme : Emma Bujardet est inscrit sur le monument aux morts. C'est son époux Alexandre Bujardet qui a attribué une bourse à la commune pour que sa femme « morte de chagrin » après avoir perdu à la guerre ses trois fils et son neveu, soit considérée comme une victime.

A la Forêt du Temple, le monument aux morts en granit se dresse devant la mairie, dédié aux « héros de la Forêt-du-Temple morts pour la patrie » affichant 25 noms d'enfants de la commune morts à la guerre 14-18. En dessous on peut lire Emma Bujardet morte de chagrin 1917, femme de Alexandre Bujardet né en 1857 à la Forêt du Temple. Une épitaphe qui étonne. Que fait le nom de cette femme sur ce monument érigé à la gloire des soldats morts lors de la Grande Guerre ?

Mille francs pour construire le monument aux morts :

Né à la Forêt du Temple, Alexandre Bujardet a fait carrière dans les produits chimiques à Paris. La guerre va lui prendre ses trois fils : Fernand, ingénieur artiste peintre tué en 1915, René lieutenant des chasseurs à pied tué en 1916, Maurice sous officier d'artillerie tué en 1917. Et comme si cela ne suffisait pas, son neveu Marcel Bujardet sous officier d'infanterie est tué en 1915. Son épouse Emma ne pourra surmonter un tel drame et va mourir à son tour en 1917.

Ayant perdu toute sa famille Alexandre Bujardet crée une fondation Emma Bujardet et fait don d'une rente annuelle 1000 francs à la commune pour l'érection du monument aux morts et dont les arrérages seraient utilisés pour l'entretien du monument, mais aussi pour secourir sous forme d'allocation les orphelins de la guerre… Avec pour condition l'inscription sur le monument des noms de ses trois enfants, de son neveu et de son épouse. La municipalité accepte ces conditions et lance une souscription pour compléter la somme. 98 personnes vont verser leur obole et la somme s'élève à 4 990, 80 Francs. Somme qui ne suffira pas puisque le coût total s'élèvera à 15 500 F et que Alexandre Bujardet régla la différence en versant à nouveau 9000 francs. Hyppolite Chenet un maçon de Crozant réalise le gros œuvre, les grilles seront faites

Image d'hier !

le coin Cuisine

Compote de fruits

Pour 4 personnes

200 g de pruneaux
200 g de figues séchées
200 g d'abricots secs
200 g de raisins secs
200 g de dattes
100 g de sucre
100 g d'amandes ou noix épluchées
3 verres d'eau

Laver à grande eau tous les fruits.

Les laisser tremper quelques heures (sauf les dattes).

Mettre à cuire dans une cocotte en y ajoutant les dattes, 3 verres d'eau et 100 g de sucre.

Couvrir et cuire 15 minutes à partir de la mise en rotation de la soupape.

Servir complètement refroidi, décoré avec les amandes ou les noix épluchées.

---

par le forgeron de la commune Auguste Auclair et les inscriptions gravées sur la pierre par Néret sculpteur à Châteauroux.

Délibérations et polémiques :

Lors de la souscription, seul un habitant de la commune précise qu'il n'est pas d'accord pour l'inscription de la femme Bujardet. Mais lors de l'inauguration du monument le 25 mai 1922, le président des anciens combattants de la Creuse signale par lettre au maire « l'émoi causé dans le monde des anciens combattants par l'inscription du nom d'une femme sur un monument élevé à la mémoire des enfants morts pour la France. ».

Sylvain Peynin le maire ne se laisse pas influencer et répond que cette inscription a été faite à la suite de la volonté unanime du peuple de la commune.

Jeanine Berducat

---

le saviez-vous ?

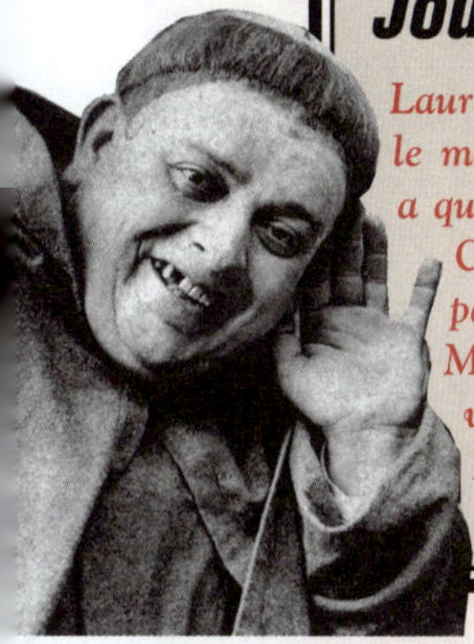

Joueur de Santour

Laurent Galili est un homme qui a eu une vie pour le moins atypique et hors des sentiers battus. Il a quitté l'Iran à l'âge de 14 ans pour la France. Ce musicien et restaurateur a toujours été passionné par le Santour. Un instrument du Moyen Orient réputé pour sa difficulté. Dorénavant installé depuis de nombreuses années au Boischaut, il propose des cours de Santour.

Lundi **29** *Octobre*
Ste Narcisse

Matin

Après-midi

Mardi **30** *Octobre*
St Bienvenu

Matin

Après-midi

Mercredi **31** *Octobre*
St Quentin

Matin

Après-midi

Notes

La religion et le monde paysan

Autrefois la religion était très ancrée dans les campagnes. Le prêtre était un personnage important dans la commune, menant ses ouailles d'une main de maître. Dans leur dure vie faite de nombreuses épreuves, les paysans trouvaient aide et réconfort auprès de la religion. Aussi ils étaient très respectueux des traditions et des règles de l'église.

Dès son plus jeune âge, le bébé entrait dans l'église pour se faire baptiser. Afin que la petite âme ne soit pas confrontée au démon, on baptisait l'enfant à deux ou trois jours, sans même attendre que la mère soit relevée de ses couches. C'est la grand-mère qui l'emmenait sur les fonds baptismaux accompagnée du parrain et de la marraine.

Ensuite dès son entrée à l'école, il fréquentait le catéchisme pour préparer sa première communion qui avait lieu vers l'âge de 11 ans. Robe d'organdi blanc pour les filles, brassard blanc posé sur la manche du costume deux pièces pour les garçons, les communiants avaient fière allure, gardant un souvenir inoubliable de cette journée. D'ailleurs le camarade de communion restait un proche toute la vie.

De même la mort ne s'envisageait pas sans la présence d'un prêtre qui rendait visite au mourant pour lui donner l'extrême onction. Ensuite on déposait un bol rempli d'eau bénite à côté du défunt afin que famille, voisins et amis viennent lui rendre hommage en l'aspergeant de cette eau sainte. Lors de l'enterrement, le corps transporté sur une charrette était arrêté devant chaque croix avant de pénétrer à l'église où on espérait confier son âme à Dieu. Tout au long de l'année on payait le prêtre pour faire dire des messes pour le défunt.

Les familles paysannes respectaient le dimanche, jour de repos imposé par le seigneur, sauf lors des gros travaux d'été. Les femmes se rendaient à la messe chaque dimanche, arborant leur coiffe brodée. Les fêtes religieuses étaient très suivies. Le jour des Rameaux, l'église était pleine de fidèles apportant leur petit bouquet de buis pour le faire bénir. Ensuite chacun allait déposer un rameau de buis bénit sur les tombes de ses proches, en accrochait un au crucifix de la chambre à coucher, en portait dans les étables pour éviter les maladies aux animaux et faisait le tour des champs de blé pour s'assurer d'une bonne récolte. La semaine de jeûne qui suivait était toujours respectée car on craignait la punition céleste. Au début du Carême, le soir du mer-

Image d'hier !

credi des Cendres, dans les maisons, on nettoyait la batterie de cuisine, on ne devait pas utiliser de graisse jusqu'à Pâques. Les œufs de Pâques marquaient le retour à l'alimentation carnée puisqu'ils étaient exclus des menus de Carême. Le jour de Pâques on pouvait enfin festoyer.

Autres fêtes bien suivies, les rogations avaient lieu les trois jours précédant l'Ascension. Les fidèles accompagnés du curé se rendaient en procession dans les champs pour bénir les récoltes et implorer le ciel pour leur protection. Les fêtes Dieu célébrées soixante jours après Pâques, étaient également un évènement important. Des autels fleuris étaient dressés aux quatre coins du bourg et les fidèles suivaient le prêtre d'un autel à l'autre tandis que des petites filles jetaient des pétales de rose tout au long du chemin de croix.

Chaque paroisse possédait son saint patron, souvent représenté sur le vitrail de l'église. Ce saint était honoré le jour de sa fête : procession derrière ses reliques, messe en son honneur, prières. Des fontaines miraculeuses étaient réputées pour guérir des maux. Ainsi on portait des langes de bébé dans la source de la Bouzanne à Aigurande pour éviter les convulsions. A Saint Marin, près d'Argenton, on emmenait les bébés « r'chignoux » (qui pleuraient tout le temps) pour les rendre plus aimables.

La Toussaint, fête de tous les saints étaient plus particulièrement consacrée aux défunts. Avant que les chrysanthèmes n'envahissent le marché, on se contentait de se recueillir sur les tombes et de prier longuement à l'église.

Noel demeurait un moment attendu. Tous les villageois, lampes pigeon à la main se rendaient à la messe de minuit. Jadis, en revenant de la messe de minuit, les villageois des campagnes qui s'apprêtaient à faire réveillon donnaient d'abord à manger aux bestiaux, afin de les associer à la fête, en mémoire du bœuf et de l'âne.

La religion rassurait. Les jours d'orage on jetait de l'eau bénite dans la maison et on récitait des prières pour éloigner la foudre. Les familles paysannes étaient vigilantes à ne pas mécontenter Dieu. Jamais on n'entamait un pain sans tracer auparavant un signe de la croix de la pointe de son couteau.

Jeanine Berducat

Image d'hier !

17 - SANCERRE
Place de la Halle un jour de Marché

brico lage

Installer un sol en galets

Tendance et nature, les galets envahissent nos salles de bains. S'il est interdit d'en ramasser sur les plages, il existe des plaques de galets en vente dans les grandes surfaces de bricolage et autres magasins spécialisés. Pour des raisons d'entretien et de niveau, nous vous déconseillons d'encoller directement sur le sol des galets achetés au kilo.

Préparation de la surface :

- **Commencez par nettoyer votre sol afin qu'il soit le plus lisse possible.**
- **Si le sol n'est pas d'aplomb, il faudra alors le niveler.**
- **A l'aide de la spatule crantée, enduisez votre sol d'une épaisse couche de ciment colle (un peu moins d'un centimètre) en procédant mètre carré par mètre carré.**

Encollage des dalles :

- **Contrairement au carrelage traditionnel, il n'est pas obligatoire de commencer par un angle et d'établir un plan de pose bien précis. Pour rester le plus droit possible il est tout de même préférable de commencer la pose le long d'un mur.**
- **Placez la première dalle en exerçant une forte pression dessus avec vos mains, afin que le mortier s'infiltre entre les galets.**
- **Procédez ensuite de la même façon pour les autres dalles.**
- **Si votre installation nécessite des raccords, découpez des galets dans une des dalles puis encollez-les avec le mortier avant de les installer dans les espaces à combler.**
- **Laissez votre sol sécher au moins 24 heures avant de passer à l'étape suivante.**

La jointure :

- **Préparez le mortier en dosant l'eau afin qu'il soit liquide.**
- **Avec la raclette, étalez le mortier sur le sol en veillant à ne pas en mettre trop, ni trop peu. Vous conserverez ainsi le relief des galets sans pour autant les faire excessivement ressortir, ce qui vous ferait mal aux pieds.**
- **Lorsque la jointure commence à durcir, passez un coup d'éponge humide sur votre sol pour le nettoyer et éliminer les traces de mortier.**

côté jardin

Novembre

Travaux divers

C'est le mois où l'on commence à vérifier le bon état des outils. Nettoyez-les avec une huile de vidange ou du pétrole. Affûtez le tranchant de vos bêches abimées ou rouillées.

Ramassez les feuilles du chêne, du platane, du noisetier pour la confection d'un excellent compost. Pour la véranda préparez des pots de primevères qui fourniront des fleurs cet hiver.

Potager

Continuez les travaux d'amendement et les drainages pour améliorer le terrain. Eclaircissez les épinards. terminez le buttage des artichauts. Cessez tout semis. Préparez l'ndroit au potager où vous sèmerez betteraves, endives, céleris, carottes.

Verger

Le noyer se taille et s'élague comme un arbre fruitier. Pour les branches jeunes, préférer la serpette au sécateur. Pensez qu'un arbre planté a besoin d'un tuteur. Evitez de blesser les racines. Brûlez les feuilles des arbres fruitiers, porteuses de maladies. Pensez à planter un arbre précieux du jardin d'ornement : l'acacia. Ses racines puissantes permettent de fixer un talus.

Fleurs

Recueillez par temps sec les graines de rosiers. Abritez sur place les derniers asters et chrysanthèmes. Pour les protéger du froid amassez au pied des hortensias de la tourbe ou des feuilles. Attendez le printemps pour planter de nouvelles plantes telles lavande, rhododendron. Continuez la plantation des conifères et des arbustes à feuilles persistantes.

Le jeu du mois de novembre

Solution page 128

Dans chaque rangée de la grille de gauche placez un prénom mais il ne sera accepté que si dans l'autre grille vous inscrivez le nom d'une ville européenne

			R	I	D	1
			L	E	S	2
	E			S	E	3
	R	E			E	4
M		R	C			5
	I	E			E	6
	A	S	T			7
A			E	R		8

1				R	I	D
2				L	E	S
3		E			S	E
4		R	E			E
5	M		R	C		
6		I	E			E
7		A	S	T		
8	A			E	R	

Novembre 2012

Quelque temps
qu'il fasse en novembre,
Allume du feu
dans la chambre.

Scorpion du **23** octobre au **22** novembre
Sagittaire du **23** novembre au **21** décembre

Ce mois a reçu son nom de la place qu'il occupait dans l'année de Romulus : il était le neuvième. Il n'est le onzième que depuis l'époque de la réforme du calendrier romain par Numa mais a gardé son nom.
Les Romains célébraient, le 5 du mois, les Neptunales en l'honneur de Neptune. En ce jour, on faisait aussi le festin de Jupiter, et on appelait cette fête Lectisternium, parce qu'on dressait des lits dans les temple des dieux pour y faire des festins.

*La devise du chat :
qu'importe ce que tu as fait, essaie toujours de faire croire que c'est la faute du chien.*
[Jeff Valdez]

Priez sainte Catherine

Sainte Catherine occupe une place de choix dans la piété populaire depuis le Moyen Age.
Elle est priée en bien des occasions.
Si l'on en croit Margit Gari, sainte Catherine guérit des douleurs de reins
Invoquée pour guérir des maux de reins, Catherine est également priée pour soigner les migraines et les maux de tête, sans doute en souvenir de sa décapitation, et pour redonner du lait aux mères qui nourrissent leurs enfants, sans doute par référence au lait qui coula à la place de son sang.
On l'invoque également contre les maux de langue, probablement en raison de son éloquence.
Et n'oublions pas qu'elle est la patronne des jeunes filles à marier.
De nombreuses professions se sont mises également sous son patronage.
Parce qu'elle était instruite et maniait l'art de la parole avec facilité, elle est devenue la patronne des institutrices, des étudiants, des orateurs, des philosophes, des clercs et des notaires.
En souvenir des instruments du martyre de Catherine d'Alexandrie, et en particulier de la roue, elle est devenue la sainte protectrice des artisans qui utilisent roues et tours dans leur métier : les charrons, les émouleurs, les meuniers, les potiers, les tourneurs et les fileuses.
Et de nos jours, elle est fêtée, comme saint Eloi, par le personnel de l'Electricité et du Gaz de France.

Novembre

Notes

Jeudi **1er** Novembre
TOUSSAINT

Matin

Après-midi

Vendredi **2** Novembre
DÉFUNTS

Matin

Après-midi

Samedi **3** Novembre
ST HUBERT

Matin

Après-midi

Dimanche **4** Novembre
ST CHARLES

Matin

Après-midi

Le Reuilly, le Quincy

Le vin de Reuilly a, jadis, comme son voisin de Quincy bénéficié de la proximité du Cher. il disposait là, en effet, d'une excellente voie pour l'exportation. Cette facilité débouchait cependant sur un inconvénient, bien avant d'atteindre la Loire, déjà fort encombrée, les vins berrichons se heurtaient à la concurrence des vins de Touraine. A qui voulaient atteindre Paris ou l'Angleterre, les places étaient chères. Ce qui explique sans doute que, célèbres et appréciés autrefois sur les meilleurs tables, la production de ces crus est aujourd'hui réduite.

Elle continue cependant à faire les délices des amateurs informés, car ils possèdent de belles qualités.

Reuilly, comme Quincy, ne sont guère situés qu'à une vingtaine de kilomètres de Bourges, il est certain qu'ils furent à l'origine des vins de cette ville.

Le vignoble de Reuilly s'étend sur 132 hectares. Il est planté sur des coteaux de marne calcaire à pente moyenne et sur de hautes terrasses sablo-graveleuses.

Accroché sur la rive gauche du Cher, sur un doux coteau d'alluvions déposées là par la rivière voici des milliers et des milliers d'années, ce terroir semble avoir été voué de tout temps à la vigne. Ne raconte-t-on pas en effet que des pépins de raisin ont été trouvés, à demi fossilisés, sur le territoire de la commune?

On croit savoir que ce sont des moines cisterciens de l'abbaye de Beauvoir, près de Marmagne, qui ont découvert les qualités "vigneronnes" de ce coin de Berry. Les moines ont toujours eu la réputation d'avoir du flair pour ces choses-là. En haut du bourg, sur la droite, se trouve encore aujourd'hui une belle maison de vigneron qui passe pour avoir été leur pied à terre sur la commune.

Quincy est le domaine privilégié du Sauvignon, même sil'on produit aussi du rouge et du rosé. Le Quincy a reçu son label AOC, le 6 août 1936, c'est-à-dire un peu avant Sancerre.

Profitez de cette fin d'automne pour aller vous promener par là, découvrir le charmant bourg niché autour de son château Louis XIII, goûter le vin, et vous balader au milieu des vignes immenses, et des cabanes charmantes à toit de tuiles du Clos de la Victoire.

Trucs et astuces de Mémé

Le dépuratif de Mémé :

Pour les maladies de peau, dartres, eczémas, furoncles, antrax, etc., Mémé faisait bouillir dans un litre d'eau une forte poignée de cresson et en prenait un grand verre à jeun le matin. Elle coupait aussi le vin aux grands repas avec cette tisane.

Elle faisait une cure de 21 jours et le succès était assuré.

le coin Cuisine

Osso bucco

Pour 6 personnes

1, 2 kg de jarret de veau
500 g de carottes
3 côtes de céleri
5 oignons
2 gousses d'ail
1 bouquet garni
1 grand verre de vin blanc
1 verre d'huile d'olive
Farine
Sel et poivre

Dans la cocotte où cuira l'osso bucco, mettre 3 cuillerées à soupe d'huile d'olive, les carottes, les côtes du céleri coupées en tronçons, les oignons émincés et l'ail grossièrement haché, porter sur petit feu.

Faire fondre sans laisser colorer, en remuant de temps en temps, pendant 30 minutes environ.

Pendant ce temps, passer les morceaux de veau dans la farine.

Secouer pour faire tomber l'excès, et les faire dorer à la poêle dans le reste de l'huile.

Lorsque les légumes sont à point, leur ajouter la viande. Mouiller avec le vin blanc et un peu d'eau pour que le liquide affleure la viande.

Mettre le bouquet, saler, poivrer, couvrir.

Faire mijoter à petit feu pendant 1 heure au moins.

Servir avec des pâtes au beurre frais, du gruyère ou du parmesan râpé.

le saviez-vous ?

Sculpteur sur fruit

Sculpteur de fruits et légumes. Ce n'est pas le métier le plus courant en Europe. Sauf pour Michaël Goursillaud qui en a fait une occupation quasiment quotidienne. Installé dans son restaurant de Mehun-sur-Yèvre, diplômé de l'école hôtelière d'Hyères (Var) et fils de cuisinier, Michaël Goursillaud est passionné par cet art asiatique ancestral. Le 24 et 25 mai 2010, il a d'ailleurs été médaillé de bronze au Championnat d'Europe de Sculptures Florales sur Fruits et Légumes. Pour faire partager sa passion, il donne des cours.

Avis aux amateurs. www.créasculptpures.com

Lundi 5 Novembre
STE SYLVIE

Matin

Après-midi

Mardi 6 Novembre
STE BERTILLE

Matin

Après-midi

Mercrerdi 7 Novembre
STE CARINE

Matin

Après-midi

Jeudi 8 Novembre
ST GEOFFROY

Matin

Après-midi

Vendredi 9 Novembre
ST THÉODORE

Matin

Après-midi

Samedi 10 Novembre
ST LÉON

Matin

Après-midi

Dimanche 11 Novembre
ARMISTICE 1918

Matin

Après-midi

Novembre

Lundi 12 Novembre
ST CHRISTIAN

Matin

Après-midi

Mardi 13 Novembre
ST BRICE

Matin

Après-midi

Mercrerdi 14 Novembre
ST SIDOINE

Matin

Après-midi

Jeudi 15 Novembre
ST ALBERT

Matin

Après-midi

Vendredi 16 Novembre
STE MARGUERITE

Matin

Après-midi

Samedi 17 Novembre
STE ELISABETH

Matin

Après-midi

Dimanche 18 Novembre
STE AUDE

Matin

Après-midi

Le château de Lande

Suite page 112

Ce château de contes de fées caché dans un écrin de verdure se situe en pleine campagne sur la commune de Crozon sur Vauvre dans le Sud du département de l'Indre. On y accède par une route étroite et sinueuse qui semble mener nulle part et on le découvre par hasard au détour du chemin. Construit au seizième siècle à côté d'un étang alimenté par le ruisseau de Bordessoule, ce château est très imposant. Il était alors la propriété de Guillaume de Bouex seigneur du Planet. Au 17 ème siècle le château entre dans la famille du Mont qui possède déjà les domaines du Moudurier et de Fonteny, les trois formant une grande propriété. Au début du dix-neuvième, le château et les domaines (environ 900 hectares) passent aux mains de la famille de Nadaillac, originaire du Lot qui restera près de deux siècles à La Lande. Le marquis de Nadaillac fut maire de Crozon de 1812 à 1821. A son arrivée, la famille de Nadaillac vendit des terres pour ne garder que le château et 4 domaines (environ 250 hectares). La partie centrale du château est alors reconstruite suite à un incendie, les fossés asséchés suite à la noyade accidentelle d'un enfant de 5 ans, et une chapelle surplombant l'étang est édifiée, rejoignant le château par un souterrain. Jusque dans les années 60, c'est un descendant, Jacques de Nadaillac qui vit au château et exploite les 4 fermes avec l'aide d'ouvriers agricoles. Ce sont ses 8 enfants qui en héritent en indivision et décident de le mettre en vente en 2004. C'est ainsi que Stéphanie Jarvis une jeune anglaise de 29 ans s'associe avec un ami Nicolas Larkin pour acheter le château tandis que les fermes sont vendues à des agriculteurs locaux. La jeune femme réalise ainsi un rêve de petite fille. « Avec Nicolas nous avions envie de vendre nos appartements à Londres pour acheter une grande maison en Angleterre afin de réunir famille et amis, mais l'immobilier est très cher en Grande Bretagne et en riant je me suis dit que pour ce prix on aurait un château en France » explique Stéphanie. L'idée fait son chemin. Stéphanie et ses parents visitent plusieurs châteaux en France avant d'arriver à la Lande. Le coup de foudre est immédiat et Stéphanie signe le compromis avec l'accord téléphonique de Nicolas qui n'a pas encore vu l'édifice. Les deux amis sont prêts à se lancer dans la restauration du château et Stéphanie va pouvoir assouvir sa passion de décoratrice d'intérieur. D'abord les gros travaux confiés à des artisans le chauffage en géothermie , l'électricité, la plomberie pour une surface habitable de 1 000 mètres carrés. Ils vivent à La Lande une grande partie de l'année, travaillant par internet. « La première année on y a vécu sans chauffage, habillés en combinaison de ski et mangeant avec des gants, mais avec beaucoup d'enthousiasme. » Peu à peu, les salles deviennent confortables : 14 chambres, 11 salles de bain et 3 cuisines toutes aménagées avec un goût très sûr.

Trucs et astuces de Mémé

Pour éloigner les araignées :

Pour éloigner les araignées Mémé prenait un kilo d'alun, et le faisait dissoudre dans deux litres d'eau bouillante. Ensuite, elle badigeonnait à chaud -condition essentielle de réussite- les bords, les contours des fenêtres, les crevasses, l'encadrement extérieur des portes.
Une vraie potion magique pour ceux qui ont la phobie des ces petites bébêtes.

le coin Cuisine

Blanquette de veau

Pour 4 personnes

1 oignon
2 gousses d'ail
800 g de veau
Sel et poivre
Bouquet garni
Clous de girofle
1 verre de vin blanc
1 carotte

Pour la sauce :
60 g de beurre
1 jaune d'œuf
60 g de farine

Couper la viande en morceaux réguliers.

Eplucher la carotte, l'oignon et piquer de trois clous de girofle, préparer le bouquet garni et l'ail.

Mettre la viande dans la casserole avec le vin, le sel, le poivre, la carotte, les gousses d'ail, l'oignon piqué de clous de girofle, le bouquet garni.

Joindre de l'eau froide afin que l'eau couvre la viande (mettre la casserole sur le feu mais ne pas faire chauffer trop vite).

Ecumer avant l'ébullition et faire bouillir doucement.

Pour préparer la sauce : faire fondre le beurre dans la casserole, y ajouter la farine, faire cuire doucement quelques minutes pour obtenir un roux blanc.

Pendant ce temps, tout en surveillant, passer le bouillon de la viande.

Laisser la viande au chaud dans la casserole. Mouiller le roux blanc avec le bouillon passé.

Ajouter les morceaux de viande et faire mijoter 15 à 20 minutes. Vérifier l'assaisonnement.

Au dernier moment, faire la liaison au jaune d'œuf.

On peut aussi ajouter un filet de jus de citron.

le saviez-vous ?

Gitan le temps d'une journée

Monsieur 4 Sous. Ce gitan devant l'éternel propose aux gens d'apprendre à connaître l'art de la vannerie. Un métier qui est dans sa famille depuis plusieurs générations. Aujourd'hui, pas radin pour un sou il apprend aux gens qui le désirent à tresser des paniers, durant l'été il propose aussi à ses visiteurs de dormir dans une véritable roulotte.

Lundi **19** *Novembre*
ST TANGUY

Matin

Après-midi

Mardi **20** *Novembre*
ST EDMOND

Matin

Après-midi

Mercrerdi **21** *Novembre*
PRÉS. DE MARIE

Matin

Après-midi

Jeudi **22** *Novembre*
STE CÉCILE

Matin

Après-midi

Vendredi **23** *Novembre*
ST CLÉMENT

Matin

Après-midi

Samedi **24** *Novembre*
STE FLORA

Matin

Après-midi

Dimanche **25** *Novembre*
STE CATHERINE

Matin

Après-midi

Le château de Lande (suite)

Stéphanie recherche du mobilier chez des brocanteurs, confectionne elle-même les rideaux (130 fenêtres à habiller). La jeune femme s'épanouit dans ce cadre verdoyant où elle voit passer les saisons et vit au contact de la nature. Eprise de culture, Stéphanie a envie de faire de La Lande un haut lieu de culture. Elle a déjà paré les murs des peintures de son père décédé en 2009 à La Lande et elle a envie de musique. Sa rencontre avec un couple de Hollandais, Robert et Attie Drabbe qui habitent Crozon et ont fondé l'association « Musique en verdure » va être déterminante. Ils lui présentent Cyril Huvé le pianiste de renommée nationale qui habite Chassignolles et l'idée d'un concert dans la cour du château voit le jour. Ainsi un premier concert a eu lieu pour la Pentecôte 2010, puis un second en août. Une totale réussite ! D'autres concerts ont suivi en 2011 et des chambres d'hôtes vont être ouvertes permettant d'héberger des touristes mais aussi des musiciens lors de stages qui sont en projets.

Un château qui vit et accueille du public, le rêve de Stéphanie et Nicolas qui se réalise !

Jeanine Berducat

Le saviez-vous ?

Tubes d'antan

Le chansonnier et poète berrichon Jacques Martel, Alfred Mallet de son vrai nom, est né en 1877 et mort en 1941. Il monte à Paris comme de nombreux autres artistes en devenir à l'âge de 20 ans. Il connaîtra la grande époque de la chanson montmartroise. Décrochera aussi son heure de gloire avec des chansons dans lesquelles, il vante le Berry. Il sera notamment, avec Roger Vaysse, à l'origine de deux succès d'avant guerre : Je n'ai qu'une maman et La madame aux fleurs.

Image d'hier !

504. SANCOINS. — Marché aux Légumes.

le coin Cuisine

Minestrone d'hiver

Pour 6 personnes

1 chou vert frisé
7 pommes de terre
2 navets
1/2 oignon
1 blanc de poireau
1 carotte
1 branche de céleri
Persil
1 l de bouillon
100 g de lard
200 g de haricots blancs
Poivre
30 g de beurre
100 g de fromage râpé

Faites blanchir 5 min à l'eau bouillante salée le chou nettoyé et coupé en lanières.

Coupez les pommes de terre et les navets en fines tranches ; mettez ces légumes dans une casserole avec l'oignon, le blanc de poireau, la carotte, la branche de céleri et le persil hachés.

Couvrez d'eau à hauteur, amenez à ébullition, salez légèrement, puis laissez cuire à feu doux pendant 1h environ, jusqu'à ce que les légumes soient tendres.

À mi-cuisson, joignez le bouillon et le lard finement haché, puis les haricots blancs (trempés et précuits à part).

Ramenez à ébullition et terminez la cuisson.

Au moment de servir, poivrez, salez si nécessaire, ajoutez le beurre frais et le fromage râpé.

Vous pouvez remplacer le chou par 500 g de chicorée scarole nettoyée et ajouter à volonté une poignée de riz pour rendre le minestrone plus épais.

le saviez-vous ?

Le Centre de la presse

Le presbytère communal de Maisonnais accueille en son sein le Centre de la Presse. Cette association créée en 1993 par Pascal Roblin a déménagé là bas en 2000. Fils d'historien et conservateur de musée, Pascal Roblin a toujours baigné dans les archives et anciens documents. Le musée peut notamment s'enorgueillir d'avoir quelques belles publications dont le premier journal français, La Gazette de Théophraste Renaudot qui date du 30 mais 1631.

Lundi **26** *Novembre*
STE DELPHINE

Matin

Après-midi

Mardi **27** *Novembre*
ST SÉVRIN

Matin

Après-midi

Mercrerdi **28** *Novembre*
ST JACQ. DE LA M.

Matin

Après-midi

Jeudi **29** *Novembre*
ST SATURNIN

Matin

Après-midi

Vendredi **30** *Novembre*
ST ANDRÉ

Matin

Après-midi

Notes

Nicolas Leblanc, inventeur de l'Industrie Chimique

Si Nicolas Leblanc n'a pas inventé le savon qui était utilisé du temps des égyptiens comme un produit médicinal, il a au moins le mérite d'avoir révolutionné à son époque l'industrie de la Savonnerie.

Né le 6 décembre 1742 à Ivoy-le-Pré sous le règne de Louis XV, Nicolas Leblanc a été l'un des plus fameux chimistes qui à lui seul révolutionna l'industrie chimique. En 1787 l'Académie des Sciences proposa une rondelette somme à quiconque serait capable de produire en quantité de cette soude à partir de sel marin. Et pour cause cela permettait à l'époque de se soustraire aux importations étrangères. Grâce à lui, il était possible d'obtenir du carbonate de sodium (appelé à cette époque soude) en partant de l'eau de mer. Pour les chimistes, le procédé est considéré comme fondateur de l'industrie chimique.

Nicolas Leblanc a commencé à exercer la médecine. Il travaille en 1780 en tant que médecin pour le duc d'Orléans. En creux, s'il occupe cette fonction, Nicolas Leblanc mène des travaux de recherches financés par le duc, son mécène. Les démarches scientifiques de Leblanc seront encadrées par le chimiste Jean d'Arcet. Ce dernier a été précepteur des fils de Montesquieu, professeur au Collège de France, membre de l'Académie des Sciences et directeur de la manufacture des Sèvres. On peut notamment rappeler que la porcelaine de fabrication française lui est redevable car il a été à l'origine du procédé.

Alors que la France est traversée par les idées révolutionnaires, en 1789, Nicolas Leblanc trouve le carbonate

Image d'hier !

de sodium (appelé autrefois soude mais qui ne correspond pas à la soude d'aujourd'hui). Deux ans plus tard, en 1791, toujours sous la coupe financière du duc d'Orléans, il part s'installer à Saint Denis, ville proche de Paris où sont enterrés les rois de France. Dans cette ville, il construit une fabrique de soude artificielle. L'entreprise avait pour objectif de produire annuellement entre 200 et 300 kilogrammes de soudes. Malheureusement, la vie de Nicolas Leblanc sera rattrapée par la Révolution. Le duc d'Orléans, malgré un esprit ouvert aux nouvelles idées, admirateur de la monarchie parlementaire anglaise, sera guillotiné le 6 novembre 1793. Durant la Terreur, la guillotine fonctionna à plein régime.

La disparition du duc d'Orléans a eu des répercutions sur Nicolas Leblanc. Son entreprise a dû fermer. Et un malheur n'allant pas sans un autre : ses recherches scientifiques tombèrent dans le domaine public. Son procédé pour fabriquer de la soude ne lui rapportera rien. Il devra se contenter d'une maigre compensation en réparation de ce préjudice. En 1794, pour seul lot de consolation, Nicolas Leblanc s'attellera à effectuer l'inventaire du laboratoire d'Antoine Lavoisier. Ce chimiste, philosophe et économiste, considéré comme être le Père de la Chimie Moderne, a été lui aussi guillotiné en 1794, le 8 mai, à cause de son poste de Fermier Général.

Nicolas Leblanc mettra fin à ses jours en 1806. Le scientifique au destin bouleversé par la Révolution Française laissa derrière-lui un fils, César Nicolas-Louis Leblanc. Ce dernier travailla comme professeur de dessin au Conservatoire des Arts et Métiers. Il dessina également des machines agricoles. Mais, le travail de Nicolas Leblanc survivra encore plusieurs décennies. Il fera notamment le bonheur de Jean Pierre Joseph d'Arcet.

Fils de Jean dArcet, qui, comme nous l'avons lu précédemment, contrôlait les travaux de Nicolas Leblanc, en a profité pour créer une fabrique de soude artificielle selon le procédé dit Leblanc. Il a été utilisé jusqu'en 1870 avant d'être progressivement supplanté par le procédé dit Solvay qui permet de synthétiser du carbonate de sodium.

Guillaume Roche

Image d'hier !

brico lage

Réaliser une étagère en bois

La prise des mesures :
Prenez les mesures de l'espace à équiper : largeur, hauteur et profondeur.
En fonction de ces mesures
• déterminez le nombre d'étagères à fixer ce nombre définit la quantité de tasseaux à couper (deux par étagère),
• notez la longueur et la largeur des étagères, puis la longueur des tasseaux.
Prenez les mesures de l'emplacement des tasseaux en commençant par le haut, des deux côtés du placard ou du mur.
A l'aide du niveau à bulle, marquez l'emplacement des tasseaux sur toute leur longueur.

La coupe :
Choisissez la section des tasseaux en fonction de l'épaisseur des étagères et du poids qu'elles devront supporter (3 cm minimum).
Vous pouvez fabriquer vous-même une étagère en sciant des planches, ou faire réaliser cette étape dans un magasin de bricolage.
Sciez les tasseaux.
Présentez les planches et les tasseaux à leur emplacement définitif.
Ajustez les mesures en ponçant ou en rabotant les éléments s'ils sont trop grands.

La réalisation des étagères :
Suivant la nature du support, choisissez le mode de fixation des tasseaux :
• bois : les clouer suffira,
• plâtre : il faut poser des chevilles et les visser.
Munissez-vous de clous (ou de chevilles et de vis) d'une longueur légèrement inférieure à la mesure de l'épaisseur du tasseau ajoutée à celle de l'épaisseur du support.
Plantez les clous à intervalles réguliers dans la longueur des tasseaux.
Vérifiez avec le niveau à bulle qu'ils sont bien d'aplomb.
Posez l'étagère.
Procédez selon le même principe pour les chevilles et les vis, en prenant bien garde de percer des trous à distances égales sur les tasseaux et dans le mur.
Il vous reste à remplir vos étagères.

Décembre côté jardin

Travaux divers

Fermez les robinets extérieurs, rangez les tuyaux d'arrosage au sec en les vidangeant. Retirez la neige des branches des conifères. Préparez et choisissez votre arbre de Noël. Profitez de cette saison pour réparer l'outillage agricole et vérifier l'état de vos engins mécaniques, tondeuse, motoculteur. Assurez les écoulements des eaux. Dans les vignes commencement de la taille.

Potager

La cendre de bois des flambées d'hiver constitue un " tue-vermine " très efficace pour les légumes qui restent en terre : carottes, choux, poireaux. Les topinambours se conservent mal. Protégez les derniers carrés de persil, d'estragon et d'oseille. Etablissez des litières de feuilles sèches sur les plantes fragiles. Rappel : pour nourrir une famille de cinq personnes il suffit de s'occuper d'un potager de 600 mètres carrés.

Verger

S'il n'y a pas de gelées, on peut continuer à tailler les arbres à fruits à pépins les plus vigoureux mais pour ceux à noyau, il est préférable d'attendre fin février, époque où l'on ne craint plus les fortes gelées. Pulvérisez une bouillie bordelaise sur tous les arbres à feuillage caduc. Noël ! Pensez aux oiseaux, jetez-leur des miettes de pain sur le perron..

Fleurs

Le meilleur moment pour tailler les rosiers est décembre et janvier. La sève est descendue dans la souche. Arrosez le pied des cyclamens et conservez-les dans une pièce pas trop chauffée. Arrachez vos plantes aromatiques annuelles. Il ne nous reste plus pour finir l'année qu'à rêver derrière notre fenêtre, près du feu, et attendre patiemment que la nature se réveille.

Le jeu du mois de décembre

Solution page 128

NIPAS
RIELUSO
BRUAN
LOUBE
FATENN
ADEUCA
URLADIGNE
TOUA
PIDE

Tous ces noms sont dans le dessin.
Pour retrouver chacun de ces mots, remettez les lettres dans le bon ordre.

Décembre

Quand Noël tombe un lundi,
Adieu les abeilles
et les brebis.

2012

Sagittaire du **23** novembre au **21** décembre

Capricorne du **22** décembre au **20** janvier

Ce mois est appelé de ce nom, parce qu'il était le dixième après celui de Mars de l'année de Romulus. Comme on avait donné au mois de juillet, appelé auparavant *" sextilis "*, le nom de Jules César, et au mois d'août celui d'Auguste, l'empereur Commode voulut donner celui d'Amazone au mois de décembre, en l'honneur d'une dame romaine dont il portait dans un anneau le portrait où elle était peinte en amazone. Mais le nom de " décembre " fut repris plus tard et resta, quoiqu'il fût le douzième mois de l'année.

Edition des Nouvelles Galeries de Saint-Amand
2 – Saint-Amand-Montrond - Le Café de La Chaumière

Ceux qui parlent de la joie d'aimer, c'est qu'ils n'aiment pas. Aimer un être, c'est se le sentir nécessaire, donc se sentir soi-même dans un continuel provisoire.
[Jean Rostand]

L'histoire populaire de saint Nicolas

Le culte du saint a vulgarisé sa légende. Elle est très riche. Chaque épisode de sa vie décrite par la "légende dorée" a donné à saint Nicolas le patronage d'une confrérie, d'un métier ou même d'une région.

Il est le protecteur de la vertu des jeunes filles.

Saint Nicolas dota trois jeunes filles que le père voulait livrer à un métier honteux. La dot permit à ces jeunes filles de faire un mariage honorable. C'est pourquoi Saint-Nicolas est également le patron des jeunes filles à marier.

Les jeunes filles qui cherchent un mari font le pèlerinage à saint Nicolas et doivent marcher sur " la bonne pierre " (dalle perdue dans le pavé de l'église, le tout était de la trouver) en la basilique portoise pour être sûres d'épouser l'homme de leurs rêves. A Château-Salins (Moselle), les jeunes filles avaient coutume de se placer à 8 heures du matin sur les marches du portail de l'église et, pendant que les cloches sonnaient, elles priaient saint Nicolas de leur trouver un mari à leur goût.

Quant à tous les jeunes hommes désireux de se marier, le matin de la Saint-Nicolas, ils ne doivent pas manquer de dire, en se levant : " saint Nicolas qui mariez les filles avec les gars, ne m'oubliez pas ! "

Décembre

Notes

Samedi 1er Décembre
STE FLORENCE

Matin

Après-midi

Dimanche 2 Décembre
STE VIVIANE

Matin

Après-midi

Le retour d'Henry Lemeuthe

Henri Lemeuthe, poète né en 1864 à Baugy, composait des poèmes en patois berrichon. Son arrière petit-fils, Philippe Natter, aime à faire revivre la mémoire de son aïeul. Il a certainement peut être hérité un peu de lui car Philippe Natter a été professeur de Lettres Classiques et de Latin et Grec en classes préparatoires. A propos de son arrière grand père, « Il se raconte qu'il était d'un tempérament tranquillement original. Il a seulement commencé à écrire à la retraite, pour soulager et oublier ses rhumatismes. Par divertissement, aussi. Il se passionnait pour les gens, aimait les conversations. Je pense qu'il était aimable et instruit. » Henri Lemeuthe a travaillé toute sa vie comme marchand de tissu. Il a été le premier à vendre des oranges à Noël, des vélos. Son commerce avait aussi un coin épicerie. « Mon arrière grand père était un marchand mêlé. Il vendait un peu de tout ! ».

Dans sa jeunesse, Henry Lemeuthe poussa relativement loin ses études pour l'époque.

A ce propos, l'écrivain berrichon Raoul Toscan disait de lui qu'il avait reçu une excellente éducation. Après l'école communale, il est entré au lycée, à la congrégation des maristes puis au séminaire. « On m'a dit qu'il lisait le Grec à livre ouvert. Attention, ça ne veut pas dire qu'on le comprend ! Il avait aussi une formation latine. » Entre 1885 et 1890, il s'est engagé dans le premier régiment d'artillerie de Bourges avant de retourner travailler pour la boutique familiale. D'après Philippe Natter, son arrière grand père était une « brave personne qui a eu la chance de ne pas être étouffé par ses études. » Cet homme industrieux et besogneux qui aimait relier lui-même ses livres de poèmes s'est éteint le 6 janvier 1929, à Baugy.

A propos d'Henri Lemeuthe, l'écrivain Raoul Toscan a écrit que ce dernier avait une « inspiration très ouverte », précise Philippe Natter. Il composait des vers en patois berrichon et en français. Un certain sens du comique se dégage de son œuvre. Il cultivait une distance humoristique en adoptant le point de vue de la « bonne poire du village » qui juge le monde, mais il gardait aussi une naïveté. Il témoignait de son temps, de ce qu'il vivait au jour le jour. Il voulait rendre compte de manière exacte la mentalité du monde rural. Lemeuthe ne se résume pas qu'à ça. Il s'intéressait à la politique et aux faits divers, Philippe Natter précise qu'il a lu dans cette veine un poème dédié au tueur en série, Landru. « En parcourant ses textes, j'ai vu qu'il écrivait à propos de beaucoup de choses. Il a notamment consacré des poèmes à des objets modernes du début du XXème siècle : le lavabo, le pétrin automatique, la moissonneuse batteuse. » Toujours à propos de modernité, il s'est également interrogé à propos des voitures volantes. S'il a commencé à écrire au crépuscule de sa vie sur le tard sous le pseudonyme d'Enriehl, il a publié certains de ses poèmes dans des journaux tels que La Dépêche du Berry.

Enrielh, d'après Philippe Natter, est à placer dans une mouvance littéraire qui a été initiée par Frédéric Mistral. Cet écrivain avait voulu restaurer la langue provençale à la fin du XIXème siècle. Il a écrit, Mireille, une œuvre extraordinaire en son temps qui donne sa lettre de noblesse à cette langue. Natter l'helléniste place ce livre de Mistral sur le même pied d'égalité qu'Omer. L'ouvrage avait connu un véritable succès en France. Il a eu une aura extraordinaire qui inspira dans les provinces les gens qui avaient une fibre poétique. Beaucoup écrivirent en patois en empruntant cette avenue tracée Frédéric Mistral.

Guillaume Roche

le coin Cuisine

Gâteau à l'orange

Pour 4 personnes

100 g de beurre mou
100 g de sucre en poudre
2 œufs entiers + 1 jaune d'œuf
125 g de farine
1 sachet de levure
Sucre glace
Le jus d'une orange

Pour le glaçage :
Blanc d'œuf
125 g de sucre glace
Un peu de jus d'orange

Travailler à la spatule le beurre ramolli (et non fondu) avec 100 g de sucre en poudre.

Ajouter petit à petit les œufs entiers et le jaune sans cesser de remuer le mélange, puis la farine et le sachet de levure. Verser dans un moule à petits bords et faire cuire à four chaud, environ 15 min. Quand le gâteau est froid, le couper en deux dans l'épaisseur.

Faire une pâte avec du sucre glace et le jus d'une orange, retendre sur une moitié, remettre le dessus.

Glacer le gâteau avec une pâte un peu ferme, faite avec le blanc d'œuf, environ 125 g sucre glace et un peu de jus d'orange.

Laisser sécher dans un endroit frais.

Trucs et astuces de Mémé

"Echaudurer" comme disait Mémé :

Lorsqu'une personne s'ébouillantait, elle prenait gros comme un oeuf de poule de chaux vive qu'elle mettait dans un demi-litre d'eau, et brassait bien pour la faire fondre. Puis elle passait dans un linge et mettait six cuillerées à bouche de cette eau avec trois cuillerées d'huile d'olive. Ensuite elle battait le mélange et en faisait des compresses.

le saviez-vous ?

Gaspard Thaumas de la Thaumassière

Ce jurisconsulte et historien français est né à Bourges en 1650. Avocat à Paris, il était considéré comme un spécialiste de l'ancien droit français.

Fin connaisseur des coutumes du Berry, il peut aussi se prévaloir d'avoir rédigé en 1690 le premier dictionnaire Bouillet.

Un ouvrage spécialisé sur l'histoire et la géographie.

Décembre 2012

Lundi 3 Décembre — ST FRANÇOIS-XAVIER

Matin

Après-midi

Mardi 4 Décembre — STE BARBARA

Matin

Après-midi

Mercredi 5 Décembre — ST GÉRALD

Matin

Après-midi

Jeudi 6 Décembre — ST NICOLAS

Matin

Après-midi

Vendredi 7 Décembre — ST AMBROISE

Matin

Après-midi

Samedi 8 Décembre — IMC. CONCEPTION

Matin

Après-midi

Dimanche 9 Décembre — ST PIERRE FOURIER

Matin

Après-midi

Décembre

Lundi 10 Décembre
ST ROMARIC

Matin

Après-midi

Mardi 11 Décembre
ST DANIEL

Matin

Après-midi

Mercredi 12 Décembre
ST JEAN F. DE C.

Matin

Après-midi

Jeudi 13 Décembre
STE LUCIE

Matin

Après-midi

Vendredi 14 Décembre
STE ODILE

Matin

Après-midi

Samedi 15 Décembre
STE NINON

Matin

Après-midi

Dimanche 16 Décembre
STE ALICE

Matin

Après-midi

Les vaches

Suite page 122

Richesse du paysan, les vaches sont depuis toujours l'objet de tous les soins. Même si les mœurs et les modes d'élevage ont évolué, elles restent un capital sur la ferme.

Autrefois, lorsqu'un petit paysan pouvait s'acheter une vache, c'était l'assurance de ne point mourir de faim. Le lait trait matin et soir servait uniquement à nourrir la famille : crème, beurre, fromages. De plus, la vente annuelle du veau rapportait un peu d'argent.

Jusque dans les années cinquante, une ferme traditionnelle possédait au plus une dizaine de vaches. A l'exception des domaines pratiquant la sélection, point de races définies. Le croisement était courant. Les vaches de mon enfance étaient, blanches, roses (croisement limousin et charolais), à taches noires ou marron (avec une ascendance normande), couleur fumée. On les aimait et on s'en occupait beaucoup, ce qui fait qu'elles étaient apprivoisées. Elles avaient chacune un petit nom qu'elles connaissaient parfaitement : Rosé, Vermet, Blanchette, Marguerite.....Chacune avait son tempérament et la maîtresse de maison qui les menait au pré deux fois par jour, le savait bien. La chicanière qui cherchait toujours les autres avec ses cornes, la chef qui passait toujours en tête du troupeau, l'affectueuse qui venait chercher sa caresse, la peureuse qui s'éloignait au moindre geste brusque.

Jamais on n'aurait imaginé laisser coucher ses vaches dehors, on en prenait grand soin. Elles avaient chacune leur place à l'étable, attachée par une chaîne au « créchis » de bois (cornadis). A la belle saison, elles sortaient vers 8 heures, conduites par la paysanne, s'abreuvaient à la mare, avant d'aller paître au pré jusqu'à 11 heures. Elles rentraient à l'étable durant les heures les plus chaudes pour ruminer tranquillement. Puis vers 16 heures elles retournaient au pré sous la garde des enfants ou de la fermière qui tricotait en les surveillant. L'hiver, elles demeuraient à l'attache et on leur apportait du foin à la fourche, complété par des lamelles de betteraves qui avaient été tranchées au coupe racines. On les sortait une fois par jour pour boire. Tous les matins, il fallait retirer le fumier (formauger) et remettre de la paille fraîche, un travail épuisant réservé à l'homme. Le fumier était retiré à la fourche et déposé dans une brouette pour rejoindre le tas au milieu de la cour. Puis on éparpillait de la paille pour une litière toute propre.

S'il pleuvait, on se dépêchait de rentrer les bêtes, craignant qu'elles n'attrapent du mal. Quand elles avaient vêlé, on leur faisait boire un peu de café avec de la gnôle pour les remonter. On était très vigilant à ce qu'elles « ne gonflent pas ». En effet, il fallait se méfier du trèfle qui, ingéré en grandes quantité, pouvait fermenter et faire crever les animaux. On utilisait alors un trocard pour leur percer le ventre et faire échapper les gaz avant qu'il ne soit trop tard. Les pommes étaient également dangereuses. Avalées toute rondes, elles pouvaient se coincer dans l'œsophage et les étrangler.

Trucs et astuces de Mémé

Pour se laver les mains résineuses :

Lorsqu'après avoir fait le pincement des arbres, Mémé avait les doigts souvent noircis par le suc des bourgeons, elle prenait une poignée d'oseille et s'en frotait les mains, qui redevenaient blanches comme celles d'un enfant.
Ceci marchait aussi si elle avait les mains tachées d'huile ou de tout autre corps gras.

le coin Cuisine

Bœuf mode

Pour 6 personnes

750 g de bœuf (tranche)
lard
Sel et poivre
bouquet garni
1 noix de graisse
2 oignons
1 verre de vin blanc
500 g carotte
1 verre de bouillon

Larder et ficeler le morceau de viande.

Faire fondre la graisse ou le beurre, y faire dorer les oignons et le morceau de viande sur toutes ses faces.

Ajouter le vin blanc, l'eau ou le bouillon de façon que le morceau baigne.

Ajouter sel, poivre, bouquet garni et les carottes coupées en rondelles ou entières si elles sont petites.

Remettre les oignons, fermer la cas-serole et laisser mijoter au four 3 heures.

A mi-cuisson, retourner le morceau.

Quand il est cuit, le découper à contre-fil et le servir entouré des carottes avec la sauce dans la saucière.

le saviez-vous ?

Le paradis en Berry

Apremont sur Allier est un magnifique village du Cher (à 16 km de Nevers) qui a gardé intact les traces de son passé médiéval avec ses pittoresques maisons anciennes. Autour de son château, un somptueux parc floral de quatre hectares a été créé en 1970. Il accueille chaque année des milliers de visiteurs qui empruntent le pont pagode et visitent le pavillon turc. Ce que bien souvent le public ignore, c'est que les jardiniers y plantent chaque saison plus de 8 000 fleurs. De quoi voir la vie en rose.

Lundi 17 Décembre
St Gaël

Matin

Après-midi

Mardi 18 Décembre
St Gatien

Matin

Après-midi

Mercredi 19 Décembre
St Urbain

Matin

Après-midi

Jeudi 20 Décembre
St Théophile

Matin

Après-midi

Vendredi 21 Décembre
Hiver

Matin

Après-midi

Samedi 22 Décembre
St Fr.-Xavière

Matin

Après-midi

Dimanche 23 Décembre
St Armand

Matin

Après-midi

Décembre

Lundi 24 Décembre
STE ADÈLE

Matin

Après-midi

Mardi 25 Décembre
NOËL

Matin

Après-midi

Mercrerdi 26 Décembre
ST ÉTIENNE

Matin

Après-midi

Jeudi 27 Décembre
ST JEAN

Matin

Après-midi

Vendredi 28 Décembre
INNOCENTS

Matin

Après-midi

Samedi 29 Décembre
ST DAVID

Matin

Après-midi

Dimanche 30 Décembre
ST ROGER

Matin

Après-midi

Les vaches (suite)

Si les produits laitiers étaient encore la base de la nourriture paysanne dans mon enfance, la viande de bœuf ne revenait pas souvent sur la table. Le plus utilisé était le pot au feu et les jours d'invitation ma grand-mère cuisinait un « bœuf mode » avec des carottes et des échalotes. Mais rosbeef et bifsteaks n'étaient pas prisés car on n'aimait pas la viande saignante.

Puis ces méthodes ancestrales ont disparu avec la marche vers la modernisation et la société de consommation. La vie en autarcie n'était plus possible après les années soixante et chaque agriculteur devait dégager un revenu pour subvenir à ses besoins grandissants. Le matériel agricole récemment apparu coûtait cher. Alors les fermes ont grandi, le nombre de vaches a doublé, triplé pour arriver à un nombre très important.

Aujourd'hui on est devenu éleveur bovin d'une seule race. On ne supporte plus les robes bigarrées et pour être assuré de la vente, on produit du charolais ou du Limousin pour la viande. Plus question non plus de garder les vaches au champ. Les animaux restent tout le temps dehors, se déplaçant de pâture en pâture, parfois même l'hiver. Sinon à la mauvaise saison, ils sont hébergés dans des stabulations où ils sont en liberté par cases d'une quinzaine. Bien sûr plus question de traite. Les veaux tètent leur mère à chaque fois qu'ils le désirent et l'éleveur achète le lait en brick au supermarché, et bien entendu le beurre et la crème. Au printemps les petits suivent leur mère au champ pour être vendu à l'automne en broutard car la consommation de viande de bœuf a considérablement grandi. Plus de noms pour différencier les vaches. Maintenant elles se ressemblent toutes et sont défigurées par la pose de boucles d'oreille en plastique orange sur lesquelles s'inscrit le numéro d'immatriculation. C'est ainsi que vous entendez de la bouche du paysan : « La 7740 ne va pas tarder à faire son veau. » Comme pour les humains la société bovine a classé ses individus en simples numéros.

Alors que reste-t-il de la relation homme animal dans ce contexte automatisé où la pailleuse distribue la paille, les abreuvoirs automatiques permettent à chaque vache de boire, le foin est en consommation libre ?

Chez les vrais éleveurs, l'amour des animaux demeure, le désir d'améliorer leur confort, de les traiter au mieux. Et le plus beau moment reste le vêlage, lorsque l'homme lutte aux côtés de sa vache pour l'aider à faire naître son veau. Un combat pour la vie où chacun donne le meilleur de lui-même.

Jeanine Berducat

Trucs et astuces de Mémé

Pour éloigner les taupes :

Lorsques les taupes venaient faire du ravage dans les plate-bandes du jardin de Mémé, elle faisait des boulettes de la grosseur d'un petit pois avec 250 g de farine de fèves, 60 g d'huile essentielle de lavande, un peu d'eau et 45 g de chaux. Elle laissait sécher ces boulettes à l'air libre et les plaçait dans les galeries ; elles étaient aussitôt désertées.

Canards à l'embeurrée de chou vert

Pour 4 personnes

2 canards (avec foies et gésiers)
8 pruneaux
Sel et poivre

Pour l'embeurrée :
1 chou frisé
100 g de beurre

Pour les pruneaux :
¼ l de vin de Loire rouge
1 zeste d'orange
1 zeste de citron
1 clou de girofle
10 beaux pruneaux dénoyautés

Pour les poires :
4 belles poires
½ l de Chinon rouge
100 g de sucre
1 pincée de cannelle

Pour la sauce :
80 g de sucre
5 cl d'eau,
5 g de mignonnette de poivre,
80 g de beurre

Préparez les pruneaux.

Mettez-les dans une casserole, recouvrez avec le vin de vin de Loire.

Faites chauffer.

Ajoutez les zestes du citron et de l'orange, le clou de girofle et la cannelle.

Laissez réduire 5 min à feu vif et réservez.

Parez le chou en éliminant les premières feuilles puis effeuillez-le et lavez à grande eau toutes les feuilles dénervées.

Faites-les pocher dans de l'eau bouillante salée. Rafraîchissez à l'eau glacée. Laissez en attente.

Hachez les foies et les gésiers des canards. Coupez les pruneaux en morceaux. Mélangez ces trois éléments. Salez, poivrez.

Mettez la farce dans les canards et refermez-les.

Préparez les poires. Épluchez-les en conservant les queues.

Dans une casserole, versez le vin, ajoutez le sucre et la cannelle.

Portez à ébullition.

Mettez les poires dans le sirop bouillant, réduisez le feu et laissez pocher jusqu'à ce qu'elles soient tendres.

Après cuisson, retirez les poires du sirop et gardez-les au chaud.

Pendant la cuisson des poires, posez les canards beurrés, salés et poivrés dans un plat à four et faites-les cuire 40 min à 220°C (th 7).

Faites fondre le beurre dans une sauteuse et ajoutez-y le chou.

Couvrez et faites compoter 30 min environ à petit feu en remuant de temps en temps. Dans une sauteuse, faites un caramel avec le sucre et l'eau. Quand il est blond, retirez du feu et roulez-y les poires.

Gardez-les au chaud.

Ajoutez la mignonnette au caramel, chauffez puis déglacez avec le jus des pruneaux.

Ajoutez le jus de cuisson des canards. Faites réduire. Liez-la avec le beurre coupé en petits dés.

Passez au chinois et conservez au bain-marie en mettant les pruneaux dans la sauce pour les réchauffer.

Présentez les canards découpés sur un lit d'embeurrée de chou, accompagnés des poires et des pruneaux.

Nappez avec la sauce.

Lundi 31 Décembre

St Sylvestre

Matin

Après-midi

Notes

Saveurs d'enfance

Les plus beaux souvenirs d'enfance ne sont jamais dus à la profusion de jouets offerts aux enfants gâtés, mais plutôt à des moments irremplaçables, des petits bonheurs apportés par une grand-mère aimante, des saveurs fugaces qu'on ne retrouvera plus jamais dans sa vie d'adulte.

Une enfance à la campagne est certainement plus propice à ces rencontres inopinées, à ces instants d'émerveillement. J'en ai connu beaucoup qui aujourd'hui me reviennent un peu comme la madeleine de Proust.

Les matins d'hiver, lorsque toute la campagne était givrée et que le thermomètre était descendu bien au-dessous de zéro degré, quel joie de chausser les bottes de caoutchouc, les gants, le bonnet et le manteau pour sortir. ! Mon plaisir était alors de repérer les flaques d'eau gelées sur lesquelles des auréoles blanches s'inscrivaient en spirales et de marcher dessus. J'adorais entendre le craquement de la glace brisée et je ne me lassais jamais de ce jeu. Mais pas question de m'aventurer sur la mare, mes parents y veillaient !

L'été, point de glace à casser, mais nous avions trouvé avec ma petite camarade Annie, un jeu qui nous apportait lui aussi des sensations nouvelles. Il y avait près de la ferme un chemin creux bien ombragé où la boue stagnait une grande partie de l'année. Alors nous posions les chaussures et allions marcher pieds nus dans cette boue. Gluante à souhait, elle était douce et remontait entre nos orteils pour notre plus grand plaisir. Et subitement on comprenait mieux pourquoi les cochons s'y vautraient avec délices.

Une odeur irremplaçable, liée au lever est celle du pain grillé. Pas le pain que l'on fait griller dans un appareil électrique ! Nous possédions une cuisinière à bois qui avait à l'avant une grille laissait apparaître les flammes. Ma grand-mère coupait une large tranche de pain de campagne, elle l'embrochait sur une longue fourchette et la tenait quelques instants collée à cette grille après avoir pris la précaution d'avoir beaucoup de braises dans le foyer et pas de flammes. Dorée à souhait la tartine était ensuite grillée sur l'autre face et dégustée toute chaude. Parfois avec du chocolat qui fondait dessus ou du fromage coulant.

Le soir, lorsque ma mère trayait les vaches à l'étable, assise sur son trépied, j'adorais observer ses doigts agiles qui faisait sortir le lait du pis en un jet régulier.

Une mousse onctueuse se formait à la surface du pot et je me dépêchais d'aller chercher mon bol pour boire

Image d'hier !

ce lait tout chaud qui me faisait des moustaches blanches.

De même, lorsque ma grand-mère préparait le fourneau pour les cochons, elle faisait cuire toute une « casse » de pommes de terre (le fourneau étai pourvu d'une sorte de cuve qu'on appelait casse dans laquelle on cuisait les pommes de terre). Celles-ci seraient ensuite écrasées pour la pâtée. Elle en mettait toujours deux ou trois sur le dessus pour moi. Cuites à la vapeur en quelque sorte, elles avaient un goût inimitable. Je les épluchai le soir et les dégustai avec du beurre et du sel, les trouvant bien meilleures que celles que ma mère faisait cuire à la maison.

Autre saveur d'enfance que celle des fruits sauvages dégustés lors des promenades. Chaque saison apportait son lot de délices et nous en connaissions les secrets. Dès que le soleil d'avril chauffait les talus, on guettait les fleurs de fraisiers sauvages qui allaient bientôt se transformer en petites fraises au parfum inégalable que nous mangions sur le tas. A l'automne nous parcourions les buissons pour cueillir les mures qui noircissaient nos mains et nos lèvres quand elles ne faisaient pas de taches sur notre tablier. En décembre, quand les premières gelées étaient passées nous recherchions les nèfles à la chair blette si agréable à manger.

La garde des vaches procurait aussi bien des plaisirs au fil des grandes vacances d'été. Tous les après-midi j'accompagnais ma grand-mère qui conduisait ses vaches au pré. Le rituel était toujours le même. On s'asseyait près de la barrière avec le chien. Ma grand-mère raccommodait des chaussettes pendant que je partais à la découverte des trésors de la nature : effeuiller les marguerites en récitant « je t'aime, un peu beaucoup... », faire courir une coccinelle sur ma main en chantant « Marivole, vole, vole... », attraper les sauterelles que ma grand-mère accrochait à un hameçon pour me faire pêcher le vairon dans le petit ruisseau. Parfois la brave femme me montrait comment tresser des joncs pour faire des corbeilles ou comment construire un petit moulin avec quelques branchages. Chaque jour apportait un nouvel émerveillement, tout était prétexte à jouer. Et au milieu de l'après-midi un pantagruélique goûter m'attendait avec tartines de beurre au chocolat râpé, confiture...J'étais toujours terriblement affamée. Je me souviens d'un champ particulièrement en pente. Je me couchai tout en haut et me laissais rouler jusqu'en bas. Lorsque je me relevai, ma tête tournait, mais la sensation était si forte que je recommençais aussitôt.

Aujourd'hui, me voici moi aussi dans le rôle d'une grand-mère et j'ai envie de faire découvrir et partager ces plaisirs d'enfance à mes petits enfants, ancrer en eux des souvenirs qui leur serviront de carapace pour affronter les aléas de la vie.

Jeanine Berducat

Image d'hier !

Aux Éditions CPE

Associant de nombreuses photographies issues de son spectacle, offrant plus d'une centaine de reproductions et de manuscrits historiques et même une bande dessinée, ce livre ludique et pédagogique nous invite joyeusement à redécouvrir la passionaria bretonne, son histoire, son contexte et son héritage interdit !...

Anne de Bretagne L'héritage interdit

par Alan Simon

1 CD de l'opéra Rock offert sur les 4000 premiers exemplaires

Ouvrage relié
couverture souple quadri
Format 190 x 260
144 pages
impressionquadri

Ouvrage relié couverture intégrale quadri
Format 140 x 225 - noir - 320 pages

Un plein panier de coquecigrues

par Gérard Boutet

Berquinades malicieuses
et autres facéties de grimaud.

Connu pour ses nombreux ouvrages qui rendent hommage à la paysannerie et à l'artisanat rural, notamment à travers les collections "Ils étaient de leur village" et "les gagne-misère", Gérard Boutet a publié le magistral dictionnaire "La France en héritage" encyclopédie de référence qui fait de lui un maître incontesté de l'histoire populaire. Ici, il reprend le ton du conteur qui lui est familier pour nous offrir un florilège drolatique qu'il narre, avec gourmandise, dans la tradition des veillées de naguère.
Faits mystérieux, menées criminelles, événements mémorables et fredaines croustillantes, les chapitres s'enchaînent en évoquant le registre des colporteurs qui, au temps jadis, véhiculaient nouvelles, billevesées et carabistouilles de village en villages. Au fil de ces récits terrifiants ou cocasses, c'est un lot coutumier de cachotteries, de frayeurs et de joies que le lecteur découvre. Mais nul n'ignore que, sous la fable plaisante, perce souvent une moralité qui vaut une sérieuse leçon.
Jeu préambulaire de Pertuzé.
Illustré par des vignettes de l'auteur.

bon de commande fin de votre almanach

2013

Janvier	Février	Mars	Avril	Mai	Juin
1 M JOUR del'AN	1 V Ella	1 V Aubin	1 L L. de Pâques	1 M F. du travail	1 S Justin
2 M Basile	2 S Présentation	2 S Charles le B.	2 M Sandrine	2 J Boris	2 D Blandine
3 J Geneviève	3 D Blaise	3 D Guénolé	3 M Richard	3 V Phil., Jacq.	3 L Kévin
4 V Odilon	4 L Véronique	4 L Casimir	4 J Isidore	4 S Sylvain	4 M Clotilde
5 S Edouard	5 M Mardi-Gras	5 M Olive	5 V Irène	5 D Judith	5 M Igor
6 D Epiphanie	6 M Cendres	6 M Colette	6 S Marcellin	6 L Prudence	6 J Norbert
7 L Raymond	7 J Eugénie	7 J Félicité	7 D J.-B. de la S.	7 M Gisèle	7 V Gilbert
8 M Lucien	8 V Jacqueline	8 V Jean de Dieu	8 L Julie	8 M Armistice 1945	8 S Médard
9 M Alix	9 S Appoline	9 S Françoise	9 M Gauthier	9 J Ascension	9 D Diane
10 J Guillaume	10 D Arnaud	10 D Vivien	10 M Fulbert	10 V Solange	10 L Landry
11 V Paulin	11 L N.-D. Lourdes	11 L Rosine	11 J Stanislas	11 S PENTECOTE	11 M Barnabé
12 S Tatiana	12 M Félix	12 M Justine	12 V Jules	12 D Jean.-d'Arc	12 M Guy
13 D Yvette	13 M Béatrice	13 M Rodrigue	13 S Ida	13 L Rolande	13 J Antoine de P.
14 L Nina	14 J Valentin	14 J Mathilde	14 D Maxime	14 M Matthias	14 V Elisée
15 M Rémi	15 V Claude	15 V Louise	15 L Paterne	15 M Denise	15 S Germaine
16 M Marcel	16 S Julienne	16 S Rameaux	16 M Benoît-J.	16 J Honoré	16 D F. des Pères
17 J Roseline	17 D Alexis	17 D Patrice	17 M Anicet	17 V Pascal	17 L Hervé
18 V Prisca	18 L Bernadette	18 L Cyrille	18 J Parfait	18 S Eric	18 M Léonce
19 S Marius	19 M Gabin	19 M Joseph	19 V Emma	19 D Pentecôte	19 M Romuald
20 D Sébastien	20 M Aimée	20 M PRINTEMPS	20 S Odette	20 L Bernardin	20 J Silvère
21 L Agnès	21 J P. Damien	21 J Vendredi St	21 D Anselme	21 M Constantin	21 V ETE
22 M Vincent	22 V Isabelle	22 V Léa	22 L Alexandre	22 M Emile	22 S Alban
23 M Barnard	23 S Lazare	23 S Victorien	23 M Georges	23 J Didier	23 D Audrey
24 J Fr. de Sales	24 D Modeste	24 D Cath. de Suede	24 M Fidèle	24 V Donatien	24 L Jean-Bapt.
25 V Conv. S. Paul	25 L Roméo	25 L Annonciation	25 J Marc	25 S Sophie	25 M Prosper
26 S Paul	26 M Nestor	26 M Larissa	26 V Alida	26 D F. des Mères	26 M Anthelme
27 D Angèle	27 M Honorine	27 M Habib	27 S Zita	27 L Augustin	27 J Fernand
28 L Th. d'Aquin	28 J Romain	28 J Gontran	28 D Jour du Souv.	28 M Germain	28 V Irénée
29 M Gildas		29 V Gwladys	29 L Cath. de Si.	29 M Aymar	29 S Pierre, Paul
30 M Martine		30 S Amédée	30 M Robert	30 J Ferdinand	30 D Martial
31 J Marcelle		31 D Pâques		31 V Visitation	

Juillet	Août	Septembre	Octobre	Novembre	Décembre
1 L Thierry	1 J Alphonse	1 D Gilles	1 M Thér. de l'E.	1 V TOUSSAINT	1 D Florence
2 M Martinien	2 V Julien-Eym.	2 L Ingrid	2 M Léger	2 S Défunt	2 L Viviane
3 M Thomas	3 S Lydie	3 M Grégoire	3 J Gérard	3 D Hubert	3 M Xavier
4 J Florent	4 D J.-M. Vianney	4 M Rosalie	4 V Fr. d'Assise	4 L Charles	4 M Barbara
5 V Antoine	5 L Abel	5 J Raïssa	5 S Fleur	5 M Sylvie	5 J Gérald
6 S Mariette	6 M Transfiguration	6 V Bertrand	6 D Bruno	6 M Bertille	6 V Nicolas
7 D Raoul	7 M Gaétan	7 S Reine	7 L Serge	7 J Carine	7 S Ambroise
8 L Thibault	8 J Dominique	8 D Nativité N.-D.	8 M Pélagie	8 V Geoffroy	8 D Im. Concept.
9 M Amandine	9 V Amour	9 L Alain	9 M Denis	9 S Théodore	9 L Pierre Fourier
10 M Ulrich	10 S Laurent	10 M Inès	10 J Ghislain	10 D Léon	10 M Romaric
11 J Benoît	11 D Claire	11 M Adelphe	11 V Firmin	11 L Armistice 1918	11 M Daniel
12 V Olivier	12 L Clarisse	12 J Apollinaire	12 S Wilfried	12 M Christian	12 J Jean. Fr.-Ch.
13 S Henri, Joël	13 M Hippolyte	13 V Aimé	13 D Géraud	13 M Brice	13 V Lucie
14 D FÊTE NAT.	14 M Evrard	14 S La Ste Croix	14 L Juste	14 J Sidoine	14 S Odile
15 L Donald	15 J ASSOMPTION	15 D Roland	15 M Thér. d'Avila	15 V Albert	15 D Ninon
16 M N-D Mt-Carmel	16 V Armel	16 L Edith	16 M Edwige	16 S Marguerite	16 L Alice
17 M Charlotte	17 S Hyacinthe	17 M Renaud	17 J Baudoin	17 D Elisabeth	17 M Gaël
18 J Frédéric	18 D Hélène	18 M Nadège	18 V Luc	18 L Aude	18 M Gatien
19 V Arsène	19 L Jean-Eudes	19 J Emilie	19 S René	19 M Tanguy	19 J Urbain
20 S Marina	20 M Bernard	20 V Davy	20 D Adeline	20 M Edmond	20 V Abraham
21 D Victor	21 M Christophe	21 S Matthieu	21 L Céline	21 J Prés. Marie	21 S Pierre C.
22 L Marie-Mad.	22 J Fabrice	22 D Maurice	22 M Elodie	22 V Cécile	22 D HIVER
23 M Brigitte	23 V Rose de L.	23 L AUTOMNE	23 M Jean de C.	23 S Christ Roi	23 L Armand
24 M Christine	24 S Barthélemy	24 M Thècle	24 J Florentin	24 D Flora	24 M Adèle
25 J Jacques	25 D Louis	25 M Hermann	25 V Crépin	25 L Cath. L.	25 M NOËL
26 V Anne, Joach.	26 L Natacha	26 J Côme, Dam.	26 S Dimitri	26 M Delphine	26 J Etienne
27 S Nathalie	27 M Monique	27 V Vinc. de P.	27 D Emeline	27 M Séverin	27 V Jean
28 D Samson	28 M Augustin	28 S Venceslas	28 L Simon, Jude	28 J Jacq. de la M.	28 S Innocents
29 L Marthe	29 J Sabine	29 D Michel	29 M Narcisse	29 V Saturnin	29 D David
30 M Juliette	30 V Fiacre	30 L Jérôme	30 M Bienvenue	30 S Avent	30 L Roger
31 M Ignace de L.	31 S Aristide		31 J Quentin		31 M Sylvestre

2013

Résultats des jeux

Janvier : page 8
MANCHE, MARTHE-NIÈVRE, PIERRE-CANTAL, DANIEL-SAVOIE, SYLVIE-ALLIER, DIDIER-ARIÈGE, ARIANE-LOZÈRE, LAZARE-CREUSE, CLAUDE.

Février : page 18
Barbe, Coiffe, Pierrot, Arlequin, Neige, Arbre, Fenêtre, Foulard, Masque.

Mars : page 28
PIVERT, PIERRE-RAMIER, DIDIER-FAISAN, GAETAN-LORIOT, LOUISE-CANARD, GÉRARD-AFUCON, GASTON-CANARI, LAZARE-CASOAR, PASCAL.

Avril : page 38
Poule, Aile, Cloche, Coq, Eglise, Poussin, Pâques, Œuf, Soleil.

Mai: page 46
TULIPE, JULIEN-PENSÉE, DENISE-JASMIN, FIRMIN-SOLEIL, SYLVIE-MUGUET, HUGUES-CROCUS, CLOVIS-AZALÉE, AMÉLIE-DAHLIA, PAULIN.

Juin : page 56
Tableau, Soleil, Pupitre, Nez, Chaise, Tablier, Encrier, Carte, Cravate.

Juillet : page 66
MARCEL, MARONI-DANIEL, DANUBE-CLAUDE, CREUSE-MARTHE, CANCHE-AUGIER, ALLIER-NOEMIE, NIÈVRE-DENISE, TAMISE-PIERRE, VIENNE.

Aout : page 76
Crabe, Pipe, Filet, Eau, Marin, Panier, Rocher, Soleil, Voile.

Septembre : page 86
JULIEN, LUCIEN-ROLAND, ROMAIN-MARCEL, MICHEL-NESTOR, VICTOR-CÉCILE, CÉLINE-ARMAND, ARNAUD-GASTON, SAMSON-MAXIME, PACOME.

Octobre : page 96
Bocal, Porte, Buffet, Pliant, Oreille, Ligne, Plancher, Poisson, Tableau.

Novembre : page 106
INGRID, MADRID-GILLES, NAPLES-DENISE, VENISE-IRÉNÉE, DRESDE-MARCEL, MURCIE-PIERRE, VIENNE-GASTON, BASTIA-ALBERT, ANVERS.

Décembre : page 116
Sapin, Boule, Cadeau, Auto, Soulier, Enfant, Guirlande, Pied, Ruban.

L'Almanach du Berrichon 2012

Directeur de collection : Christophe MATHO
Rédacteur en chef : Gérard BARDON
Conseil Technique et Maquette : Alain OSSANT

Edition, réalisation : COMMUNICATION-PRESSE-EDITION
RCS B 398-382-416
BP 57 - 5, Allée de la Tuilerie - 41202 Romorantin Cedex
Téléphone : 02 54 83 41 41 - Fax : 02 54 83 41 43
e-mail : almanachs@cpe-editions.com - Site : www.cpe-editions.com

Imprimé en France - Imprimerie Clerc à Saint-Amand-Montrond - Septembre 2011
ISSN : 1297-2320
ISBN : 978-2-84503-898-1 - EAN : 9782845038981
Dépôt légal à parution

BON DE COMMANDE

À RETOURNER À : CPE 5 Allée de la Tuilerie BP57 - 41202 **ROMORANTIN** Cedex - Tél. 02 54 83 41 45

QUANTITÉ :

- ☐ AIN - BRESSE-BUGEY
- ☐ ALSACE
- ☐ ANJOU
- ☐ AUVERGNE
- ☐ AVEYRON
- ☐ BASQUE
- ☐ BEAUCE - PERCHE
- ☐ BERRY
- ☐ BORDELAIS
- ☐ BOURGOGNE
- ☐ BOURBONNAIS-NIVERNAIS
- ☐ BRETAGNE
- ☐ BRIE - SEINE ET MARNE
- ☐ CATALAN
- ☐ CHAMPAGNE - ARDENNES
- ☐ CHARENTES
- ☐ CORSE
- ☐ DRÔME-ARDÈCHE
- ☐ FRANCHE-COMTÉ
- ☐ ISÈRE - HAUTES-ALPES
- ☐ LANDES
- ☐ LANGUEDOC
- ☐ LIMOUSIN
- ☐ LOIRE-FOREZ
- ☐ LORRAIN
- ☐ LOZERE
- ☐ LYONNAIS - BEAUJOLAIS
- ☐ MAINE - PAYS SARTHOIS
- ☐ NORD
- ☐ NORMANDIE
- ☐ ORLÉANAIS GÂTINAIS VAL DE LOIRE
- ☐ PÉRIGORD
- ☐ PICARDIE
- ☐ POITOU
- ☐ PROVENCE
- ☐ PYRÉNÉES
- ☐ QUERCY
- ☐ SAVOIE
- ☐ SOLOGNE
- ☐ TOULOUSAIN
- ☐ TOURAINE
- ☐ VENDEEN

- ☐ L'ALMANACH DE NOS TERROIRS
- ☐ GOURMAND RHÔNE-ALPES
- ☐ CHASSEUR
- ☐ PÊCHEUR

☐ **TOTAL ALMANACH(S)**

Les ALMANACHS des Terroirs de France 2012

20e année

Découvrez toute la collection de nos Almanachs

aux TARIFS PRÉFÉRENTIELS de

Prix public ~~9,90€~~ l'exemplaire

9,40€* l'exemplaire

*Loi Lang 1986

FRAIS D'ENVOI :

1 exemplaire : **2,50€**
2 exemplaires : **3,00€**
3 à 7 exemplaires : **4,00€**

POUR PLUS D'EXEMPLAIRES NOUS CONSULTER

EXEMPLES :

1 AlmanachW à	9,40€
+ frais d'envoi	+ 2,50€
soit un total de	= 11,90€
3 Almanachs à	28,20€
+ frais d'envoi	+ 4,00€
soit un total de	= 32,20€

pour les envois vers les DOM-TOM et autres renseignements contacter : SYLVAINE au **02 54 83 41 45**

VOTRE COMMANDE :

CHEZ VOUS
sous **72h*** maxi

*Applicable à partir de la date de parution des almanachs 2011 : fin sept

PRIX TOTAL ...,..€
+ FRAIS D'ENVOI ...,..€
= TOTAL DE VOTRE COMMANDE ...,..€

Bon de commande almanachs 2012

RCS B 398-382-416 -SARL au capital de 416 000e

Nom .... Prénom ....
Adresse ....
Code postal .... Ville ....
Tél. ....
Mail ....

☐ Je vous envoie ce bon complété et je joins mon chèque bancaire ou postal à l'ordre de CPE.
☐ Je vous envoie ce bon complété et j'indique ici le numéro de ma carte bancaire : CB

/_/_/_/_/ /_/_/_/_/ /_/_/_/_/ /_/_/_/_/ Date de validité : /_/_/ /_/_/

3 numéros au dos de la carte : /_/_/_/ Signature obligatoire :

BON DE COMMANDE

À RETOURNER À : CPE 5 Allée de la Tuilerie BP57 - 41202 **ROMORANTIN** Cedex - Tél. 02 54 83 41 45

Les RECETTES des terroirs de nos grands-mères

Prix public ~~18,00€~~ 17,10€

Format : 200 x 290
128 pages
Couverture cartonnée

Promo exceptionnelle 8€
• RECETTES CÉVENOLES ET LANGUEDOCIENNES

QUANTITÉ :

- ☐ RECETTES ALSACIENNES
- ☐ RECETTES ANGEVINES
- ☐ RECETTES AVEYRONNAISES
- ☐ RECETTES BASQUES
- ☐ RECETTES BEAUCERONNES
- ÉPUISÉ ~~RECETTES BORDELAISES~~
- ~~RECETTES BRETONNES~~
- ☐ RECETTES CHAMPENOISES
- ☐ RECETTES CEVENOLES
- ☐ RECETTES CHARENTAISES
- ☐ RECETTES FRANC-COMTOISES
- ☐ RECETTES GERSOISES
- ☐ RECETTES LANDAISES
- ☐ RECETTES MAINIOTES
- ☐ RECETTES NORMANDES
- ☐ RECETTES PÉRIGORDINES
- ☐ RECETTES DU QUERCY
- ☐ RECETTES TOULOUSAINES

☐ TOTAL RECETTES

Nouvelle formule

Format : 16,8 x 23 cm
120 pages - 2 couleurs
Couverture souple

Prix public ~~18,00€~~ 17,10€

QUANTITÉ :

- ☐ RECETTES ARDÉCHOISES ET DRÔMOISES
- ☐ RECETTES ARDENNAISES
- ☐ RECETTES ARIÉGEOISES
- ☐ RECETTES AUVERGNATES
- ☐ RECETTES BERRICHONNES
- ☐ RECETTES BOURBONNAISES
- ☐ RECETTES BOURGUIGNONNES
- ☐ RECETTES CATALANES
- ☐ RECETTES CORSES
- ☐ RECETTES LIMOUSINES
- ☐ RECETTES LORRAINES
- ☐ RECETTES LYONNAISES BEAUJOLAISES
- ☐ RECETTES MORVANDELLES ET NIVERVAISES
- ☐ RECETTES NIÇOISES
- ☐ RECETTES DU NORD
- ☐ RECETTES ORLÉANAISES VAL DE LOIRE GATINAIS
- ☐ RECETTES PICARDES
- ☐ RECETTES PIEDS NOIRS
- ☐ RECETTES POITEVINES
- ☐ RECETTES PROVENÇALES
- ☐ RECETTES SAVOYARDES
- ☐ RECETTES SOLOGNOTES
- ☐ RECETTES TOURANGELLES
- ☐ RECETTES VENDÉENNES

☐ TOTAL RECETTES

VOTRE COMMANDE :

CHEZ VOUS sous **72h*** maxi

*Applicable à partir de la date de parution des almanachs 2012 : fin sept

PRIX TOTAL . . . , . . €
+ FRAIS D'ENVOI . . . , . . €
= TOTAL DE VOTRE COMMANDE . . . , . . €

Bon de commande almanachs 2012

Nom . . . . Prénom . . . .
Adresse . . . .
Code postal . . . . Ville . . . .
Tél. . . . .
Mail . . . .

☐ Je vous envoie ce bon complété et je joins mon chèque bancaire ou postal à l'ordre de CPE.
☐ Je vous envoie ce bon complété et j'indique ici le numéro de ma carte bancaire : CB

/_/_/_/_/ /_/_/_/_/ /_/_/_/_/ /_/_/_/_/ Date de validité : /_/_/ /_/_/

3 numéros au dos de la carte : /_/_/_/ Signature obligatoire :

RCS B 398-382-416 -SARL au capital de 416 000e

Retrouvez les livres parus aux Éditions CPE chez votre libraire ou sur *www.cpe-editions.com*

Un plein panier de coquecigrues
par Gérard BOUTET

Prix public ~~24,00€~~
22,80€

Ouvrage relié couverture intégrale quadri
Format 140 x 225 - noir - 320 pages

Faits mystérieux, menées criminelles, événements mémorables et fredaines croustillantes, les chapitres s'enchaînent en évoquant le registre des colporteurs qui, au temps jadis, véhiculaient nouvelles, billevesées et carabistouilles de village en villages. Au fil de ces récits terrifiants ou cocasses, c'est un lot coutumier de cachotteries, de frayeurs et de joies que le lecteur découvre. Mais nul n'ignore que, sous la fable plaisante, perce souvent une moralité qui vaut une sérieuse leçon.

Humour de nos régions
par PJ BRASSAC

Prix public ~~20,00€~~
19,00€

Ouvrage relié couverture souple quadri
Format 170 x 230 - 128 pages 2 couleurs

L'humour peut être verbal, visuel ou physique. Ses mécanismes de base consistent à solliciter nos sentiments et nos émotions, à se présenter sous les traits de la réalité tout en n'étant pas le réel, ainsi qu'à surprendre, égarer, semer le doute. Ce livre part à la découverte du rire breton, du rire béarnais, du rire auvergnat... et de bien d'autres !

Les Carnets d'Amicie Tome II
Les astuces d'une grand-mère
par Joëlle GRASSIN

Prix public ~~18,00€~~
17,10€

Ouvrage relié couverture intégrale quadri
Format 170 x 230 - Noir + une teinte
120 pages

La vie moderne nous fait souvent oublier ces astuces pleines de bon sens ou ces conseils tenant compte des saisons, du budget du foyer. Fort heureusement Amicie, l'arrière-grand-mère de l'auteur, avait tout noté sur ces carnets que Joëlle Grassin nous livre dans ce second tome. Un petit trésor pour la ménagère.

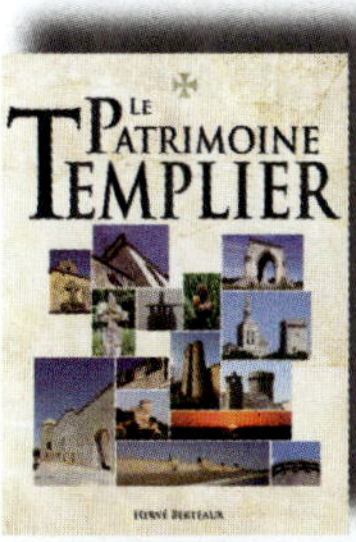

Le Patrimoine Templier
par Hervé BERTEAUX

Prix public ~~27,00€~~
25,65€

Ouvrage relié couverture intégrale quadri
Format 220 x 280 - quadri - 192 pages

Si l'existence effective d'une architecture propre au Temple est douteuse, il n'en reste pas moins vrai qu'il est loisible de percevoir dans l'emploi de certaines formes ou dispositions un contenu symbolique lié à la conception de la spiritualité des Templiers.
C'est cette architecture qu'Hervé Berteaux nous présente par ses récits et ses remarquables photos.

Le Berry à l'affiche
par Maud BRUNAUD

Prix public ~~28,00€~~
26,60€

Ouvrage relié couverture intégrale quadri
Jacquette - Format 220 x 280 - 192 pages,
impression 4 couleurs

A travers une sélection de 15 films, plongez dans les coulisses du Septième Art avec les confidences de figurants et techniciens, découvrez les petits secrets de Nathalie Baye, Philippe Labro ou Brigitte Fossey, retrouvez les répliques chocs et les moments d'anthologie. Cet ouvrage est illustré avec des photographies (pour la plupart inédites) issues des maisons de production des films. Un voyage passionnant pour les cinéphiles et tous ceux qui aiment le Berry.

1 CD de l'opéra Rock offert sur les 4000 premiers exemplaires

Anne de Bretagne L'héritage interdit
par Alan SIMON

Prix public ~~24,00€~~
22,80€

Ouvrage relié couverture souple quadri
Format 190 x 260 - 144 pages,
impression quadri

Associant de nombreuses photographies issues de son spectacle, offrant plus d'une centaine de reproductions et de manuscrits historiques et même une bande dessinée, ce livre ludique et pédagogique nous invite joyeusement à redécouvrir la passionaria bretonne, son histoire, son contexte et son héritage interdit !...

Les Étangs de Sologne
par Gérard BARDON

Prix public ~~28,00€~~
26,60€

Ouvrage relié couverture intégrale quadri
Format 220 x 245
168 pages, impression 4 couleurs

Gérard BARDON a su nous restituer l'imaginaire et la vie des étangs de Sologne, il s'est entouré de la collaboration de David ALFROY pour la faune et de Christophe MATHO pour la pêche et a illustré ses propos avec des photographies de Maurice BAUBIET et David ALFROY. Un très beau livre

Îles et rivages du Golfe du Morbihan
par Pierre-Jean BRASSAC

Prix public ~~28,00€~~
26,60€

Ouvrage relié couverture intégrale quadri
Format 220 x 245 - 168 pages
impression 4 couleurs

Pierre-Jean BRASSAC nous décrit de remarquables réserves géologiques et nous présente dans ce beau livre la faune et la flore du bord de mer.
Un livre illustré par de magnifiques photos de l'auteur.

Les Marais de Bourges
par Roland NARBOUX

Prix public ~~28,00€~~
26,60€

Format : 225 x 240
168 pages, impression 4 couleurs
Reliure plein carton

L'ouvrage de Roland Narboux, illustré de magnifiques photos en quadrichromie, nous fait découvrir ce lieu de calme, de repos et de sérénité !

Il était une fois le certificat d'études
par Monique et Alexis BETUS

Prix public ~~22,00€~~
20,90€

Ouvrage relié couverture souple quadri
Format 190 x 265 - 192 pages
impression 2 couleurs

Alexis Betus, qui a déjà réalisé un ouvrage remarqué sur l'école des Gaulois au milieu du XXe siècle, renouvelle ses travaux sur l'école de la République à travers cet ouvrage consacré à cet examen mythique qui marquait la fin de l'enfance.

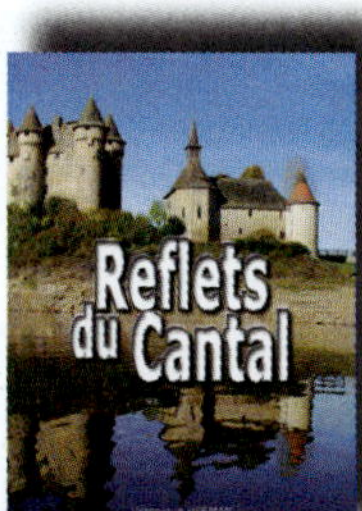

Les Reflets du Cantal
Par Véronique HERMAN

Prix public ~~28,00€~~
26,60€

Ouvrage relié couverture intégrale quadri
Format 220 x 290 - quadri - 192 pages

Véronique HERMAN vous fait découvrir le Cantal, elle n'oublie pas ses villages typiques et vous fait arpenter les rues et ruelles de Salers, Pailherols ou encore Marcolès.
Ce livre est une atmosphère calme et reposante.

Les Marais de la presqu'île de Guérande
par Armel JORION DELBOS
Photos : Brice CAHAREL

Prix public ~~28,00€~~
26,60€

Ouvrage relié couverture cartonnée quadri
Format 225 x 240
168 pages, impression quadri

Les moissonneurs de sel
L'ouvrage proposé entend faire connaître les marais salants tels qu'ils vivent aujourd'hui. Pour ce faire, ce livre nous montre ce lieu singulier, autrement que par une esthétique de carte postale, et le décrit, autrement que par une interminable et aride accumulation de termes techniques et de noms d'outils.

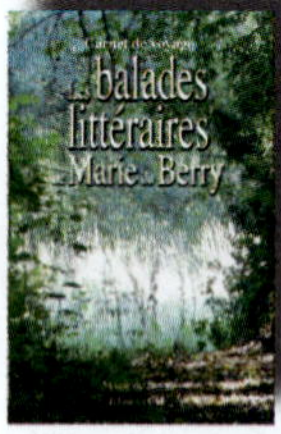

Les balades littéraires de Marie du Berry
par Marie du BERRY

Prix public ~~14,00€~~
13,30€

Ouvrage relié couverture intégrale quadri
Format 140 x 225 - noir - 200 pages

Dans les pas des écrivains...
Par ses escapades littéraires, Marie du Berry a révolutionné l'approche culturelle et touristique du Berry. Cette passionnée de littérature reçoit voyageurs et touristes dans sa demeure de La Renardière.

Promenades à travers les Flandres et la Picardie
par Pierre DESCAMPS

Prix public ~~12,00€~~
11,40€

Ouvrage relié couverture intégrale quadri
Format 140 x 225 - noir - 160 pages

Pierre DESCAMPS est issu de ces terres du Nord. En Partant de la métropole Lilloise, avec son architecture marquée et ses traditions vivaces, il nous conduit jusqu'au pays «Cœur de Flandres» qui annonce ses paysages vallonnés, ses villages typiques, ses estaminets, ses moulins et beffrois, qui se succèdent à travers les Monts de Flandres où de magnifiques ballades attendent les randonneurs aguerris jusqu'aux remparts de Bergues, la cité aux briques jaunes. Puis il nous fait découvrir le Vexin français le Valois et l'ancien comté de Clermont, des terres Picardes.

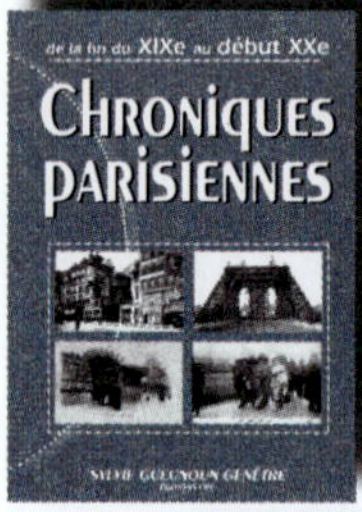

Chroniques Parisiennes au début du XXe siècle
par Sylvie GUEUNOUN

Prix public ~~22,00€~~
20,90€

Ouvrage relié couverture souple quadri
Format 170 x 230 - 168 pages
impression 2 couleurs

Faits divers, petites chroniques croustillantes, amusantes, culturelles... c'est ce que l'auteur Sylvie Gueunoun-Genêtre, passionnée par la vie parisienne, a voulu soumettre à notre curiosité.

La Trompe et le Fouet
Venerie
d'hier et d'aujourd'hui
par Alain PHILIPPE

Prix public ~~29,00€~~
27,55€

Ouvrage relié couverture cartonnée quadri
Format 220 x 280 - 144 pages
Impression quadri

Un livre magnifique qui présente non seulement les méthodes et les règles d'une chasse ancestrale, mais qui présente aussi les équipages français.

Le grand livre de la Truite et des salmonidés
par Christophe MATHO

Prix public ~~29,90€~~
28,40€

Ouvrage relié
couverture cartonnée quadri
Format 220 x 280 - 192 pages
Impression quadri

Le premier livre en français qui présente l'essentiel des salmonidés que le pêcheur peut rencontrer à travers la planète. Du saumon Ouananiche et du Québec, à l'omble Iwana du Japon, toutes les truites, ombles et saumons du monde sont là. L'auteur a collecté des informations sur les habitudes des poissons auprès de pêcheurs du monde entier, du Canada à la Sibérie, en passant par le Japon et la Scandinavie.

Le Loup autrefois en forêt d'Orléans
par Jacques BAILLON

Prix public ~~29,00€~~
27,55€

Ouvrage relié
couverture intégrale quadri + jacquette
Format 220 x 280 - quadri - 192 pages

Au début du XIXe siècle, la courbe de la population lupine en France s'infléchit inéluctablement vers le bas, les prélèvements dépassent régulièrement les possibilités de reconstitution naturelles des populations. La forêt d'Orléans abrita durant des siècles l'une des plus grandes colonies de loups de France. C'est leur histoire que nous conte Jacques BAILLON.

Sortie fin octobre

Nouveaux
Reflets de Sologne
Par Gérard BARDON
Photographies : David ALFROY

Prix public ~~30,00€~~
28,50€

Ouvrage relié couverture quadri
Format 220 mm x 290 mm
192 pages, impression quadri

Sortie fin octobre

Nouveaux
Reflets de Berry
Par Gérard BARDON, Jeanine BERDUCAT, Maud BRUNAUD, Christophe MATHO, Christian BENZ, Daniel BERNARD, Sophie KRUPA
Photographies : Dominique AUTHIER

Sortie fin octobre

De l'hameçon à l'assiette
Par Jean-Marc GOURBILLON

Prix public ~~24,00€~~
22,80€

Ouvrage relié couverture quadri
Format de couverture 195 mm x 265 mm
Format 190 mm x 260 mm
144 pages, impression quadri

Quel plaisir de cuisiner et de savourer le fruit de sa pêche ! Que cela soit sur les fleuves, les rivières, les lacs, les étangs, ce livre complet et pratique vous propose de découvrir des recettes simples et explicites et des techniques de pêche claires et précises afin de ne pas rentrer bredouille.

Sortie fin octobre

Cornemuses de Bretagne
Par Thierry JIGOUREL

Couverture cartonnée quadri
Format 190 x 260 - 128 pages
Impression en quadri

Prix public ~~26,00€~~
24,70€

La cornemuse est l'image incontournable de la musique celtique. Cet instrument se compose d'une poche (qui, remplie d'air, permet de relayer le sonneur lors de ses prises d'air, mais aussi d'alimenter plusieurs tuyaux simultanément), de bourdons (tuyaux enrobant le son d'un fond sonore, ininterrompu et grave) et d'un chalumeau à trou, comparable aux autres instruments à vent.

Sortie fin octobre

Contre champs
Tracteurs, batteuses et vieilles ferrailles

Par Rémy BEURION
Photographies : Yolaine VALLET
Dessins : Michel JANVIER

Couverture souple quadri avec rabats
Format 190 mm x 260 mm
144 pages
impression
quadri

Prix public ~~26,00€~~
24,70€

<u>Un extrait du livre</u>: *Est-ce la sueur ou l'eau sur son large front ? Ou le matin humide sur sa condition ? Ou une peur limpide de n'être que plus rien ? Ses grands yeux de phares éteints ont l'air d'être bavards d'un silence singulier. Et sa peau de tôle, soudain marécageuse, ondule de questions sans réponse lumineuse. C'est étonnant de lire l'inquiétude sur une carcasse de fer. Une ride cabossée au-dessus du regard défend le relief d'un sourire qu'on devine. Je ne sais pas parler la machine, encore moins le langage indistinct de la mécanique. Mais il y a, d'un seul coup, dans ce visage métallique, l'expression d'une noyade annoncée.*

Le canal de Berry
Par Georges BROWN
Photographies : Mary DOCTRINAL

Ouvrage relié couverture cartonnée quadri
Format 220 mm x 245 mm
168 pages
impression quadri

Prix public ~~28,00€~~
26,60€

Comment imaginer l'animation de ces lourdes écluses de bois, le pas lent des ânes et des mulets qui tractaient les péniches étroites de ce canal efflanqué, la vie des familles de bateliers, véritables gens du voyage du dix-neuvième siècle ? C'est pour ne pas les oublier que ce livre essaie de faire revivre l'ambiance de l'époque bénie où les gens prenaient le temps de vivre et respectaient les rythmes et saisons de la nature.

Sortie fin octobre

La condition ouvrière
Par Serge PACAUD

Couverture souple quadri
Format 225 mm x 290 mm
192 pages, impression 1 couleur

Prix public ~~29,00€~~
27,55€

À la fin du XIXe siècle, apparaît une nouvelle classe, un nouveau type d'homme : l'ouvrier. Il n'a que le nécessaire pour subvenir à ses besoins vitaux et reconstituer sa force de travail. Une lente évolution va s'opérer et lui permettre de débuter une vie associative ainsi que de modestes loisirs en parallèle avec la réduction de temps de travail.

Vent de secteur Est
Le rêve du chasseur de gibier d'eau en France
Par Alain PHILIPPE

Couverture cartonnée
Format 220 mm x 280 mm
192 pages, impression quadri

Prix public ~~29,90€~~
28,40€

Que de douces sensations, que de saines et fortes émotions j'ai ressenties à la passée, à la hutte et au gabion, de la baie d'Authie à la baie de Somme, du Mont-Saint-Michel au Sud-Ouest et en Camargue, en passant par les étangs de la Dombes, de la Brenne et de Sologne ! À travers quelques histoires de souvenirs et de récits des anciens, je vous propose de parcourir ensemble ces lieux mythiques...

Sortie fin octobre

La belle histoire de la pêche à la mouche
Par Joan Miquel TOURON MONTARGÈS

Couverture cartonnée quadri
Format 225 mm x 290 mm
224 pages, impression 4 couleurs

Prix public ~~34,00€~~
32,30€

Premier livre publié en français sur l'histoire de la pêche à la mouche », ce livre est remarquablement documenté, agrémenté de très nombreuses illustrations d'époque. Il s'agit d'un « récit » anticonventionnel qui fait une description extrêmement vivante de l'évolution de cette pêche, d'abord vivrière, puis récréative, depuis la préhistoire jusqu'à nos jours !

Sortie fin octobre

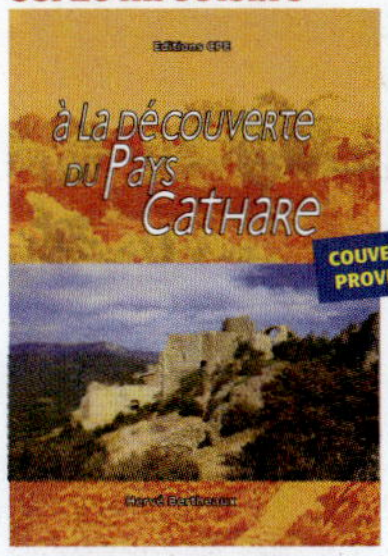

A la découverte du Pays Cathare
par Hervé BERTHEAUX

Prix public ~~26,00€~~ **24,70€**

Ouvrage relié couverture quadri
Quadri - Format 190 x 260
144 pages

Retour de l'histoire, et avec une modernité étonnante, ces pays autrefois meurtris refleurissent désormais et offrent tant aux autochtones qu'aux nombreux visiteurs que le simple mot de cathare intrigue et fascine, matière à émerveillement et à s'enrichir d'une culture que les persécutions n'ont jamais réussi à anéantir.

Sortie fin octobre

Souvenirs du vieux temps : Le Berry, mœurs et coutumes
Réédition d'un ouvrage du XIXe siècle
Par Germain LAISNEL DE LA SALLE
Préface : George SAND / Préambule : Daniel BERNARD

Couverture quadri - Format 168 x 230
240 pages, impression en noir

Prix public ~~24,00€~~ **22,80€**

Germain Laisnel de la Salle fut le premier folkloriste du Berry. Ce livre est la rééditon de l'une de ses œuvres principales. Cet ouvrage nous enseigne bien des choses sur les usages de nos arrières grands-parents berrichons, qui vivaient dans un monde résolument différent de celui de notre modernité. La musique berrichonne traditionnelle n'avait pas grand chose à voir avec le rap ou le hard rock, c'était une musique calme et douce, les chants traitaient des sujets de la vie quotidienne rurale, du travail, de l'amour... Les instruments en étaient la vielle et la musette.

Sortie fin octobre

La cuisine au Moyen-âge
Par Hervé BERTHEAUX

Couverture quadri - Format 168 x 230
160 pages, impression en noir

Prix public ~~18,00€~~ **17,10€**

Alors que se développent, partout en France, fêtes et reconstitutions médiévales, il convient que les repus ne soient pas en reste. Dans un livre partageant ambiances et recettes, à la recherche de denrées rares, Hervé Berteaux partage de nouveau ce Moyen Âge dont il est coutumier dans un livre gourmand où le lecteur n'échappera pas à la douceur des délices médiévaux.
À consommer et à lire sans modération.

Le Potager dans votre assiette
par Jean-Marc GOURBILLON

Ouvrage relié couverture cartonnée quadri
Format 195 x 265 - 176 pages quadri

Prix public ~~24,00€~~ **22,80€**

«Le plaisir de jardiner et de cuisiner sa récolte», tout est dit dans le titre de ce pratique et goûteux ouvrage écrit par Jean-Marc Gourbillon.

Le Chèvre en folie
par Cynthea GREGORY

Prix public ~~24,00€~~ **22,80€**

Ouvrage relié couverture mat quadri + UV selectif
Format 220 x 220 - 252 pages
impression 4 couleurs

Un livre pour ceux qui aiment le fromage de chèvre, mais aussi pour ceux qui ne l'apprécient pas encore. Un regard inattendu sur notre gastronomie et des recettes délicieuses. Le livre de Cynthea est en plus agrémenté de magnifiques photos culinaires.

Des recettes de la campagne simples et économiques
Les recettes d'Amicie
par Joëlle GRASSIN

La cuisine de notre arrière-grand-mère poitevine suivait le rythme des saisons : les légumes frais du printemps, les herbes aromatiques de l'été, le gibier rapporté de la chasse en automne, les plats en sauce de l'hiver... Nous avons repris dans cet ouvrage toutes ces vieilles recettes, parfois oubliées, pour le plus grand bonheur de tous.

Format 130 mm x 190 mm - 112 pages - impression 1 couleur

Sortie fin octobre

Carnet de recettes faciles et pas chères
Les desserts
Par Frédérique ROSE

Prix public ~~8,00€~~ **7,60€**

Les pizzas et les pâtes, on connaît, on en a marre !... Même si le budget est très serré, même si vous n'êtes pas un grand gastronome, il existe des plats à un tarif abordable qui vous permettront d'épater vos amis. Toutes les matières premières ne coûtent pas nécessairement cher. La collection des carnets de recettes est idéale si vous recevez en fin de mois... Elle vous aide à varier les plaisirs et les ingrédients !

Sortie fin octobre

Carnet de recettes faciles et pas chères
Les poissons
Par Jean-Marc GOURBILLON

Sortie fin octobre

Carnet de recettes faciles et pas chères
La cuisine au vin
Par Anthony ROSE

Carnet de recettes
Terrines et Pâtés
Par Nicolas BONNIN

Collection

Les Histoires extraordinaires de mon grand-père

Alsace • Provence • Berry • Lorraine • Auvergne •
d'autres titres à sortir en octobre

Ouvrage relié couverture souple quadri
Format 170 x 230
192 pages
Impression 2 couleurs

Prix public ~~22,00€~~ **20,90€**

Collection

Patois ou langues et chansons de nos Grands-Pères

Mémoire du patrimoine oral... Langues régionales, patois, parlage, parler... chansons et monologues des terroirs de France.

Quoi de mieux pour sauver nos vieux parlages, nos vieux parleurs, nos vieux patois... ceux de nos ancêtres, que de faire un ouvrage regroupant ces trésors du verbe proprement dit mais aussi la présentation des poètes et chansonniers patoisants et leurs oeuvres les plus connues. Nous ne pourrons bien entendu être exhaustif tant la production de ces derniers fut importante et de qualité. Les traditions de nos terroirs se perdent et se diluent dans la mondialisation, les parlages, patois et autres langues régionales, les vieilles chansons aussi. Sauvons un bout de notre patrimoine oral !

Patois et chansons de nos grands-pères...de l'Orléanais
Langue et chansons de nos grands-pères en Limousin
Langue et chansons de nos grands-pères en Nissart
Langue et chansons de nos grands-pères en Gascogne
Parler et chansons de nos grands-pères en Gallo
Patois et chansons de nos grands-pères Ch'tis
Vieux parler et chansons de nos grands-pères Nantais
Patois et chansons de nos grands-pères en Vendée
Patois et chansons de nos grands-pères en Berry
Patois et chansons de nos grands-pères en Marchois
Langue en Basse-Bretagne
Vieux parlage et chansons de nos grands-pères en Sologne

Ouvrage relié couverture intégrale quadri
Format 168 x 230 - 160 pages, impression 2 couleurs

Prix public ~~22,00€~~ **20,90€**

Sorties fin octobre

Langue de Lorraine • Patois et chansons de nos grands-pères dans les Charentes
Patois Arpitan et chansons de nos grands-pères Savoyard
Parler d'Oléron • Patois et chansons de nos grands-pères en Basse-Normandie, Manche, Calvados et les îles • Le patois de l'île de Ré
Patois et chansons de nos grands-pères en Anjou
Parler et chansons de nos grands-pères dans les Ardennes

Excalibur
Par Alan SIMON

Sortie fin octobre

210 x 270 quadri
couv cartonnée

Prix public
~~30,00€~~
28,50€

Celui qui nous a conté la légende arthurienne dans une comédie musicale librement adaptée de la matière celtique ne pouvait pas ne pas faire de livre. Alan évoque entre autres le peuple des Tuatha dé Danann (la tribu divine de Dana qui chante dans la vallée woho de Dana... hum... bref) et sa lutte contre la maléfique tribu adverse, les Fomore, ainsi que la naissance de Merlin, fils d'un démon et d'une humaine, ou bien encore l'apparition d'Excalibur à l'issue d'un terrible combat...
Tout est dans le livre, une partie est consacrée à la légende de l'épée et l'autre à l'épopée de l'opéra rock.

Folklore bourbonnais
Anciens usages, sorciers et rebouteurs, meneurs de loups, vielles et musettes...
Réédition du livre
de Francis PÉROT

Prix public
~~20,00€~~
19,00€

Couverture quadri
Format 170 mm x 230 mm
160 pages, impression noir

Sortie fin octobre

Ce livre rédigé au début du XXe siècle est l'inventaire des productions collectives et des coutumes des habitants du Bourbonnais, émanant des gens qui vivent chez nous depuis des générations et se les ont transmises d'une génération à l'autre par voie orale.
Pour dresser ce remarquable inventaire, présenté comme un glossaire, Francis Pérot est allé puiser dans les contes, les récits, les chants, les musiques, les danses ou les croyances. Il est allé visiter les rites et les savoir-faire de nos campagnes du Bourbonnais

Sortie fin octobre

Les légendes du Terroir
Il était une fois la Franche-Comté

Par David AUBRY

Ouvrage relié couverture quadri
Format 168 x 230 mm
120 pages, impression noir

Prix public
~~18,00€~~
17,10€

La légende du terroir trouve souvent son origine dans un conte oral traditionnel. Elle a été mise par écrit pour être lue publiquement. Pour nous faire découvrir le légendaire, la tradition et la culture de Franche-comté, David Aubry a su faire appel au merveilleux. Chacune des légendes qu'il nous rapporte est liée à un lieu de notre terre comtoise à un objet de chez nous, à un personnage de chez nous.

Sortie fin octobre

Les légendes du Terroir
Il était une fois la Bretagne

Par David AUBRY

Ouvrage relié couverture quadri
Format 168 x 230 mm
120 pages, impression noir

Prix public
~~18,00€~~
17,10€

Un monde de conteurs et de bardes mendiants auprès desquels les collecteurs d'un XIXe siècle romantique à souhait ont recueilli le meilleur de la tradition populaire. Les Le Braz, Luzel, Sébillot, Souvestre, Rouzic, Orain, Du Laurent de la Barre, La Villemarqué et d'autres, ont alors fait une extraordinaire moisson de contes et de légendes. Une moisson à laquelle Thierry Jigourel a puisé pour rédiger ces quelque 80 « légendes de terroir », tristes, gaies, le plus souvent mystérieuses...

Collection

L'imaginaire, le merveilleux, le fantastique d'un terroir les chemins de l'imaginaire ou le patrimoine des veillées

Ouvrage relié - couverture intégrale quadri - Format 170 x 230 - 160 pages - impression 1 couleur

Sologne
Les petites histoires de la vieille
par Gérard Bardon

Prix public
~~18,00€~~
17,10€

Bourbonnais
par Henri Grobost

Prix public
~~18,00€~~
17,10€

Poitou par Eric Nowak

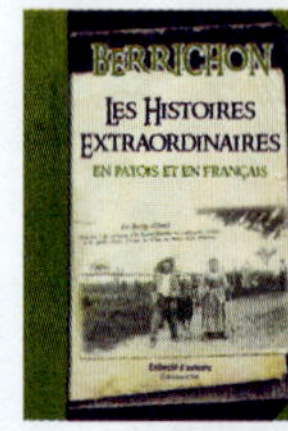

Berrichon
Sous la direction de :
Christophe MATHO

Les éditions CPE ont rassemblé dans une même collection, 4 séries ou sous-collections rappelant et perpétuant ce fabuleux patrimoine:

- « LES HISTOIRES EXTRAORDINAIRES DE MON GRAND-PÈRE », collection issues de contes populaires des provinces de France ou de l'imaginaire de nos auteurs, où s'agitent fées, dames blanches et autres birettes...

- « LES PETITES HISTOIRES DE LA VIEILLE », qui rassemblent des nouvelles et des petits contes, à la manière de Maupassant, prétendument racontés par une vieille dame sans âge qui vit dans le terroir et où la rame ces petites histoires s'appuie sur la tradition du cru.

- « LES LÉGENDES DU TERROIR », qui rassemblent des histoires populaires courtes de un à deux feuillets, inspirées de l'univers légendaire régional.

- « LES HISTOIRES EXTRAORDINAIRES EN PATOIS ET EN FRANÇAIS», sous-collection mettant en valeur et sauvegardant les langues, patois et autres parlages en présentant en vis-à-vis des histoires rédigées en français et traduites en patois (ou dans la langue de la région, lorsque l'idiome local est une langue). Les versions patoises peuvent être inventées par l'auteur, collectées auprès de locuteurs patoisants ou encore empruntées à des auteurs libres de droit et simplement traduites.

BON DE COMMANDE Livres

À RETOURNER À : CPE 5 Allée de la Tuilerie BP57
41202 ROMORANTIN Cedex • Tél. 02 54 83 41 45

VOTRE COMMANDE LIVRES	PRIX
1.	
2.	
3.	
4.	GRATUIT
5.	
6.	
PORT	3,00 €
TOTAL À PAYER :	....,..€

Bon de commande almanachs 2012

Nom .... Prénom ....
Adresse ....
Code postal .... Ville ....
Tél. ....
Mail ....

❑ Je vous envoie ce bon complété et je joins mon chèque bancaire ou postal à l'ordre de CPE.

❑ Je vous envoie ce bon complété et j'indique ici le numéro de ma carte bancaire : CB

/_/_/_/_/ /_/_/_/_/ /_/_/_/_/ /_/_/_/_/ Date de validité : /_/_/ /_/_/

3 numéros au dos de la carte : /_/_/_/ Signature obligatoire :